JN006148

Nobuyuki Honna

Learning English
in the Global
Multicultural Society

本名信行

多文化共生時代に

学ぶ英語

玉川大学出版部

まえがき

　21 世紀が進むなかで、私たちはこれから多様な文化的背景をもつ人びとと、世界の各地でゆきかうようになるでしょう。このような社会では、文化的な違いに敬意をはらい、その違いを相互調整する態度と能力が求められます。本書では英語学習・教育の観点から、これらに関わるいろいろな課題を考えます。

　21 世紀は世界のグローバル化がますます広まり、深まると予想されます。それでは、グローバル化とはどういう現象なのでしょうか。多くの人びとは、グローバル化は社会や経済の制度、さらには人間の価値観の画一化をもたらすと考えがちです。たしかに、そういう側面は否定できませんが、同時に、あるいはそれ以上に、多様な価値観に溢れた社会を造り出す原動力にもなっています。

　事実、グローバル化により、人びと、ビジネス、サービス、物品、金融、仕事、情報、思想などが国境を越えて、世界の広範囲に広がっています。そして、世界の多くの都市は、多民族、多文化、多言語社会になりつつあります。私たちは異なる民族、また文化、言語の背景をもつ人びとと共に働き、共に生活することになります。

　このような状況のなかで有意義な活動をするためには、新しい状況に適した考え方（マインドセット）と能力（コンピテンス）が必要になります。それは、次の 2 つにまとめることができるでしょう。

①多様な民族、文化、宗教、言語、そして伝統と習慣に敬意をはらい、許容する心構え。
②さまざまな違いを言語コミュニケーションで相互調整する能力。

　すなわち、グローバル化時代では、言語コミュニケーション能力がきわめて重要な役割を果たします。英語は現在、異文化間、あるいは多文化間コミュニ

ケーションの言語として世界の各地で最も広く使われており、その役割は今後ますます拡大すると予想されます。そこで、私たちがグローバル化時代に英語を学ぶためには、それにそった新しい観点が必要になります。本書でそのことをじっくり学びましょう。

なお、本書の一部は 2020 年 4 月号より 9 月号までの『英語教育』（大修館書店）に連載されました。掲載を快く許可してくださった本誌の編集部に感謝いたします。あわせて、玉川大学出版部の皆さんには何から何までお世話になりました。感謝の意を表します。

本名信行（新緑の季節、東京にて）

多文化共生時代に学ぶ英語

目　次

第1章 | 多文化共生時代の英語コミュニケーション能力

はじめに

　21世紀においてグローバル化が進むなか、私たちはこれからますます、さまざまな文化的背景をもつ人びとと、世界の各地でゆきかうようになるでしょう。そして、異文化間の英語コミュニケーションでは、言語的文化的な違いをたがいに尊重し、理解し、そして調整する態度と能力が求められます。本章では、多文化共生時代に英語を学ぶにあたって、注意すべきことがらについて考えます。

1. グローバル化は多様な社会を造り出す

　21世紀は世界のグローバル化が大いに広まり、深まると予想されます。それでは、グローバル化とはどういう現象なのでしょうか。多くの人びとは、グローバル化は社会や経済の制度、さらには人間の価値観の画一化をもたらすと考えがちです。たしかに、そういう側面はあるでしょう。しかし同時に、あるいはそれ以上に、グローバル化は多様な社会を造り出す原動力にもなっています。

　事実、グローバル化により、人びと、ビジネス、サービス、物品、金融、仕事、情報、思想などが国境を越えて、世界各地に広範囲に広がっています。そして、世界の多くの都市は、多民族、多文化、多言語社会になりつつあります。私たちは違った民族、文化、言語の背景をもつ人びとと共に働き、共に生活することになります。すなわち、多文化共生社会の出現です。

2. グローバル化時代の新しい英語コミュニケーション能力

　私たちがこのような状況のなかで有意義な活動をするためには、新しい状況に適した新しい態度（マインドセット）と能力（コンピテンス）が必要になります。それは、次の2つにまとめることができるでしょう。

　①多様な民族、文化、宗教、言語、そして伝統と習慣に敬意をはらい、許容する心構え。
　②さまざまな違いを言語コミュニケーションでお互いに調整しあう能力。

　すなわち、多文化共生時代では、言語コミュニケーション能力がきわめて重要な役割をはたします。英語は現在、異文化間、あるいは多文化間コミュニケーションの言語として世界の各地で最も広く使われており、その役割は今後ますます拡大すると予想されます。そこで、私たちが多文化共生のために英語を学ぶのには、それにそった新しい観点と方法が必要になります。
　グローバル英語コミュニケーションでは、世界の民族、文化、そして言語の多様性の仕組みを理解し、分け隔てのない相互作用を通して、会話や対話を協働構築（co-construct）する力が求められます。これは現代の英語学習に課せられた、新しい次元といえるでしょう。多文化間の英語コミュニケーションでは、特定の文化的規範に縛られることはできないのです。
　こう考えると、多文化共生時代に求められる英語コミュニケーションの能力は3つの要素で成り立っていることがわかります（図1参照）。

　①他者を理解する能力
　②自己を説明する能力
　③多様性を相互調整する能力

　これは従来の区分でいえば、①はリーディングとリスニング、②はライティングとスピーキングと考えられます。しかし、実際の英語コミュニケーション

*Global English Language Communication

図1 グローバル英語コミュニケーション能力の3要素

では、そのような区別は適切ではありません。話しことばでも書きことばでも、③の多様性を相互調整する能力が重要になります。それは二者間のみならず、多数者間のコミュニケーションでもあてはまります。そして、それは①と②の能力を活性化させます。

3. コミュニケーションと相互調整能力

グローバル英語コミュニケーションは他の英語の話し手と協働して、特定の目的にそった成果をあげる営みです。学校教育では理想的な形でこの機会を提供することは困難ですが、それでもできるかぎりの工夫が求められます。コミュニケーションをスムーズに進めるための相互調整の能力には、次の3つの側面があるでしょう（図2参照）。

（1）相互作用能力（Interaction Management Competence）

これは、他の参加者と協力して、会話を目的（目標）にそって進行させ、それを実現させる能力といえます。そのためには、会話の目的や目標（信頼の醸成、情報の交換、合意の形成など）を掌握し、同時に他者の言い分をバーバルと

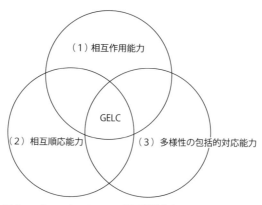

（1）相互作用能力

GELC

（2）相互順応能力　　（3）多様性の包括的対応能力

図2　コミュニケーションの相互調整能力の3要素

ノンバーバルの面で理解し、自己の意図を説明する能力が求められます。そして、会話のやりとりをスムーズに行い、会話のなかに曖昧な部分があれば、それを明確にする力が求められます。

（2）相互順応能力（Accommodation Management Competence）

　会話のなかでお互いの言い分や言い方を場面に応じて調整し、相互に順応しあう能力は、相互理解とコミュニケーションを充実させるのに必要です。自分にとって聞き慣れない相手の表現や見慣れない相手の行動に興味を示し、理解しあう努力が期待されます。そのためには、メタファー（隠喩）、社会言語学的変異、語用論的行為など、言語とコミュニケーションの仕組みと働きの基本的要素を学ぶ必要があります。

（3）多様性の包括的対応能力（Diversity and Inclusion Management Competence）

　多様な民族・文化・言語の背景をもつ人びととのコミュニケーションでは、いろいろな違いを認めあい、感受性を磨き、インクルーシブな態度で臨まなければなりません。グローバル英語コミュニケーションは、多くの話し手がバイリンガルなので、英語以外の言語が複雑に組み込まれます。複言語主義（plurilingualism）と複文化主義（pluriculturalism）の利点も十分に理解すること

が重要です。

　以上のことは、英語のスペル、発音、語句、文法などを学習するのと同じくらいに、大切です。英語学習とは、英語ということばを学ぶというよりも、英語を使って世界の人びととコミュニケーションする能力の獲得をめざすということでしょう。そうであるならば、英語教育を有意義な教育活動にするために、他者の理解、自己の説明、コミュニケーションの相互調整という3つの要素を統合したプログラムの運用が求められます。

　それは英語学習をコミュニケーション（伝え合い）の活動としてとらえるところからはじまります。そこでは、学習者は学習していることばだけではなく、母語やその他のありとあらゆる知識を振り絞って信号を受信（解釈）し、送信（伝達）しようとします。こういった場面をつぶさに観察してきた社会言語学者のバーバラ・サイドルホファ（Barbara Seidlhofer）は、“... learners are not learning a language, but learning to language.” [1]（学習者はことばを学習しているのではなく、ことばによる伝え合いを学習しています）と述べています。実に、言い得て妙であります。

　これは、英語を使っていろいろな国の人びとと問題解決を図る協働作業のことを考えれば、よくわかるでしょう。たとえば、SDGs の活動はどうでしょうか。これは国連が世界（地球）の諸問題を総合的にとらえ、その解決策として2015年に提案した Sustainable Development Goals（持続可能な開発目標）のことです。17 の目標分野（No Poverty, Good Health and Well-being, Quality Education, Clean Water and Sanitation, Reduced Inequalities, などなど）と 169 の達成目標（ターゲット）が明示されています。世界の各国は共同でこれらに取り組み、2030年までに達成するよう定められています。

　これには全世界的に政府、地方自治体、企業、学校などが関与するわけですから、すべての市民が参加することになります。そして、国内はもとより国際的な協働作業が求められます。私たちの英語学習もこういったグローバルでユニバーサルな営みと関連して考えてはどうでしょうか。事実、SDGs を解説した国連の文書 *Transforming Our World: The 2030 Agenda for Sustainable Development* (2015) [2] や *Getting Started with the Sustainable Development Goals: A Guide for Stakeholders* (2015) [3] などは英語教育の有意義な総合教材になるでしょう。

実際、英語は現在、多国間・多文化間の伝え合いを可能にする国際言語として、大きな役割をはたしています。英語はもはや母語話者だけのものではなく、世界の多くの人びとの「もうひとつのことば」(additional language) にもなっています。私たちは、多様な文化的背景をもつ人びととのさまざまな関わりのなかで、コミュニケーションをスムーズに進める能力が必要になります。

　世界の人びとが使う英語には、発音、語彙、文法などの面でたくさんの違いがみられます。ものの言い方やその順序などにも、いろいろと違いがあります。世界の人びとは英語のなかに、母語の発音や表現、さらにその国の文化を組み込みます。世界の話し手が持ち寄る英語のポットラックには、実に興味深いものがあります。

　そこで、英語の多様性を維持し推進しながら、そのなかで相互理解をはかる能力が必要になります。これが適切に処理できないと、異文化間の英語コミュニケーションはうまくいきません。英語の使用は、世界を単一文化にするものではありません。人間が長い間に築きあげてきたいろいろな智恵と価値を、お互いに学び合うためのものなのです[4]。

おわりに

　以上にみたように、グローバル化がもたらす多文化共生社会では、異文化間の英語コミュニケーション能力がきわめて重要な役割をはたします。本書は、その課題をほりさげながら、どのようにしたらその能力を育成できるかについて考えます。まずは、現代社会をとりまく多様性の問題をしっかりと理解しましょう。

■注

(1) Seidlhofer (2011), p. 197.

(2) https://sustainabledevelopment.un.org/post2015/transformingourworld

(3) http://unsdsn.org/wp-content/uploads/2015/12/151211-getting-started-guide-FINAL-PDF-.pdf

(4) もちろん、英語以外の言語も大いに重要である。すべての人が英語に長けているわけで

14

はない。海外の人には日本語を勉強してもらいたい。そして、日本人はいろいろな言語に取り組むべきである。特に、アジア諸国の言語を学習することは、地域の友好関係を強めるのに有益である。日本人ならたくさんの人が、韓国語、中国語、モンゴル語、ベトナム語、カンボジア語、ラオス語、ミャンマー語、タイ語、タガログ語、マレーシア語、インドネシア語、ヒンディー語、タミル語、ベンガル語、ペルシャ語、トルコ語、アラビア語などに目を向けてほしい。企業などでは、グローバル化を推進するなかで、英語に加えて、こういったアジアの言語ができる人材を育成し、だいじにすべきである。こういった言語は、英語が届かない人びとの声を聞くのに欠かせない。さらに付け加えると、日本人の多くが日本手話 (Japanese Sign Language) を学習し、聞こえる人と聞こえない人の異文化間コミュニケーションに尽くしてほしい。なお、他の言語と同様に、日本手話といっても一様ではなく、多様な形式が存在する。詳細は本名・加藤（2017）参照。また、アメリカ手話や中国手話のように、世界の手話言語に目を向けることは、いろいろな面で有意義である。

■参考文献

本名信行・加藤三保子（2017）『手話を学ぶ人のために―もうひとつのことばの仕組みと働き―』一般財団法人全日本ろうあ連盟

Seidlhofer, B. (2011). *Understanding English as a Lingua Franca*. Oxford University Press.

第2章 | ダイバーシティ・マネジメントの問題

はじめに

　多文化共生社会の職場や大学では、多様性（ダイバーシティ）にどう対処するかがキーコンセプトになっています。その基本は、多様な民族的文化的背景をもつ人びとを組織の構成メンバーとしてどう組み込むか、そしてそれぞれの能力をどう活かすかです。すなわちインクルージョン（包括的対応）です。現代英語はこの問題に敏感に反応し、社会意識の変革に貢献しようとしています。

1. チーフ・ダイバーシティ・オフィサーの役割

　現在、企業、学校、その他の組織は、民族的文化的に多様な価値観と行動様式をもつ人びとを基盤としています。取引先や消費者はもちろんのこと、社員の構成も多様化しており、そのマネジメントはきわめて重要です。事実、世界のトップ企業の多くは、社内にダイバーシティ・オフィサー（Diversity Officer）を擁し、その責任者をチーフ・ダイバーシティ・オフィサー（Chief Diversity Officer, CDO）と呼んでいます。

　その主な職務はインクルージョンです。すなわち、社員の全員を職務規定に基づいて公平に、かつ平等に待遇することです。社員の多様性は民族（人種）、ジェンダー、階層、障害、年齢、さらには身体的特徴などと、さまざまな背景に及びます。これらに配慮し、差別をしないようにするためには、その対応の論理と意義を十分に認識していなければなりません。

　アメリカの大学では、教育の一環として多様性に関するアウェアネス・トレーニングが組み込まれ、それを担うダイバーシティ・オフィサーズの協会も

設立されています（National Association of Diversity Officers in Higher Education）。大学の授業では、ことば、動作、そして「環境」などが特定の個人や集団に対して、どのようにして目に見えない侵害（microaggression）になるかについて徹底的に議論します。

　たとえば、アフリカ系の学生にバスケットボールをやっているかと聞いたり、アジア系の学生に数学の宿題を教えてと頼んだりするのはことばによる侵害（linguistic microaggression）、特定の民族的背景や身体的特徴をもつ人が隣に座るとすぐに席を立つというのは動作による侵害（gestural microaggression）、また科学室に男性の科学者の写真しか掲示していないのは環境による侵害（environmental microaggression）である、といった話し合いがなされています。

　また、マイノリティに対して、"Everyone can succeed in this society if they work hard enough."（この社会では努力すればだれもが成功できる）といった言い方は、適切ではないとされています。なぜなら、これは現実的ではないからです。勤勉であれば成功するとはかぎらないのです。ガラスの天井は、社会や職場のいたるところにあります。そして、努力しても成功できないのは自分が無能であるから、と思わせるのです。これは目に見えない無力化（microinvalidation）と呼ばれています。

2. ジェンダーの言語問題

　民族（人種）、ジェンダー、階層、障害、年齢、身体的特徴などによる侮辱や差別はあってはなりません。人はだれでも、自分に誇りをもっているのです。そこで、多様な背景をもつ人びとと職場で共に働き、近隣コミュニティを形成するようになると、相手を公平に、平等にあつかうように、ことばの使い方に注意が求められます。

　たとえば、両性にかかわることがらについて、一方の性を表すことばで代表させないようにするというのも、そのひとつです。そして、実際に、現代英語では、chairman（委員長、議長）[1] に chairwoman が加わりましたが、さらに両性を示す chairperson（または chair）が加わりました。一時、女性に対してMrs. Chairman などといっていたので、これは隔世の感があるでしょう。同様

に、次のような傾向があります。

- fireman → firewoman → fire fighter（消防士）
- policeman → policewoman → police officer（今は officer）（警察官）
- salesman → saleswoman → salesperson（今は sales representative）（セールス・営業）
- spokesman → spokeswoman → spokesperson（スポークスパーソン）
- anchorman → anchorwoman → anchorperson（今は anchor）（アンカー）
- plainclothesman（私服刑事）→ detective（刑事）
- fisherman → fisher（漁師）
- mailman → letter carrier（郵便配達）
- weatherman → weather forecaster（気象予報士）
- ombudsman → ombuds（オンブズマン）
- right-hand man（右腕）→ deputy, assistant（部下）
- Latino（ラテン系の男性）→ Latina（同女性）→ Latinx（ラテン系の人。Hispanic や Spanish-speaking も）

　また、waitress、actress、poetess（女流詩人）、stewardess、mayoress（女性市長）、hostess は、waiter、actor、poet、steward（この場合は flight attendant）、mayor、host と原形にもどすのがよいようです。nurse、bartender、driver、pilot、conductor（車掌）、cook、baby sitter などは、最初から男性形もなければ、女性形もなく、男女に共用されています。無理やりに、男性形や女性形を作ったりする必要はどこにもありません。

　このような観点から、現在では、女性を示す –ess はほとんど使われません。ただし、Goddess（女神）は宗教上の伝統であるため、維持される傾向にあります。また、女性の executor（遺言執行者）は自分から executrix と主張する人もいるようです。アメリカでは州によって、executrix が公式の法的関連で使われているので、それにそった言動でしょう。一般には、executor、personal representative（administrator）が推奨されています。

　そして、act like a man（男らしくふるまう）[2] といった言い方も好ましくな

いとされ、act bravely (courageously)（勇敢にふるまう）、act wisely（賢明にふるまう）、act straightforwardly（実直にふるまう）といった言い換えがなされています。man's job（大人の仕事）は adult's job、man's work（男の仕事）は work、workmanlike（職人らしい）は skillful で十分ということになります。

さらに、salesmanship、sportsmanship、statesmanship（政治的手腕）、manpower などはそれぞれ、sales ability、fair play、government leadership、personnel が望ましいとされています。動詞の man（部署などに人員を配置する）は staff などに言い換えられます。The company's new public relation department is now staffed (manned) by five geopolitical specialists, three international communication strategists, and two ICT experts.（会社の新 PR 部門は 5 人の地政学の専門家、3 人の国際コミュニケーション戦略の専門家、そして 2 人の ICT の専門家が担っている）

以前にアメリカでは、Every American child knows that he may grow up to be President.（アメリカの子どもはだれでも大人になったら大統領になれる）という言い方がされていました。子どもは every American child を he で受けると聞いて育つと、どうしても男性中心の見方を身につけてしまうでしょう。そこで、両性を表現するために、he or she、あるいは they にするなど、いろいろな工夫がなされました。

最初は、he or she がよしとされていたようです。every American child、everyone や everybody、あるいは each one などを they で受けるのは、非文法的と強くいさめられました。一方は単数形、他方は複数形だからです [3]。しかし、he or she はいかにも格好が悪いということで、they が堂々と使われるようになりました。everyone（だれでも）は意味的に複数の感じがするので、違和感はなかったはずです。文法 (syntax) が意味 (semantics) に一歩譲ったともいえます [4]。

従前は、man で人間全体に言及する用法、そしてそこから派生した he の同様の用法は、「man (he) の総称的用法」と片付けられていました。これは古き時代の男性中心の世界観の表れであったとしても、もはや男性の意味を失っており、今は差別的な意図はないというのです。そうだとしても、言語は社会の指標であり、いつまでも過去のしきたりに縛られるのは望ましいことではあ

りません。

　同様に、All men are created equal.（人間は生まれながらにして平等である）は
最も頻繁に引用されることばでしたが、今では all men and women、all people、
we、all of us などとするのがよいとされています。人間全体を man で表すのは、
現在の社会認識からいうと、いかにも不自然でしょう。mankind は humanity、
human beings、people、あるいは humankind などとするのが当然でしょう。
「天は人の上に人を造らず、人の下に人を造らず」なのです [5]。

　もちろん、一般のメディアも、これには敏感に対応しています。ワシントン
発 AP 通信はアメリカの防衛長官（Secretary of Defense）に言及した記事で、同
職を he or she と書いています。"At a Pentagon news conference, (Mark) Esper
... insisted he understands his role. A secretary of defense traditionally is among
the least political of the Cabinet secretaries because the military he or she
oversees is trained to stay out of politics and to be loyal to the Constitution, not to
a president."（ペンタゴンの記者会見で、マーク・エスパーは自分の役割を十分に
理解していると述べた。防衛長官は内閣の長官のなかでも政治的な動きをしないの
が伝統になっている。なぜなら、彼もしくは彼女は政治に口を挟まないように教え
られ、大統領にではなく、憲法に忠誠を誓っているからである）

　さらに、2020 年の大統領選挙では、気候変動の対策を問われたある女性候
補は、"I will do everything a president can do all by herself on the first day."（大
統領が初日にできることはなんでもやる）と答えました。従来なら、President に
女性代名詞を使うことはありませんでした。これはまさに画期的な一言でした。
また、候補者選考討論会では、"We need a candidate who is actually going to
bring people with her."（大統領と国民が一体となる候補者が必要である）という
人もいました。

　そして、この言語意識は、性差別の諸問題をあぶりだしています。2017 年 6
月には、ウーバー・テクノロジーズ社の取締役が、女性取締役が増えると、"...
it's much more likely to be more talking."（おしゃべりが増えるね）と述べたため、
女性差別として辞任に追い込まれました。女性はおしゃべりとはかぎりません
し、おしゃべりなのは女性だけではありません。日本でも、東京 2020 オリン
ピック競技大会を目前に、似たようなできごとがありました。

ただし、このような追及が行き過ぎることで、cancel culture（キャンセルカルチャー）とか call-out culture（コールアウトカルチャー）などと呼ばれるように、多様性のなかで寛容な態度を求める運動からはずれたメンバーを社会から追放したり、名指しして社会の晒しものにするといった事態にもなっています。10年も20年も前の言質が糾弾され、現職を追放される人もいます。このような余裕のなさは、逆に反差別の運動にブレーキをかけることになりかねません。

　ことばのなかの性差別（sexism in language）の問題を直視することで、ことばは社会の意識を反映することがわかります。そして、社会の意識が変われば、ことばもそれに合わせて変化します。英語の勉強では、語句や表現をただ覚えるのではなく、それらの背景にある人びとの考え方、感じ方に思いを寄せたいものです。そして、グローバル英語コミュニケーションでは、人間の多様性を受容し、それを適切に表現する態度と能力が必要になります。

3. 英語の包括的な使い方

　グローバル英語コミュニケーションでは、人びとをどう表現するか、すなわち人びとを表すことば（people language）が重要になります。それは、自分、相手、そして他人がなんであるかを示します。私たち一人ひとりはさまざまな側面（特徴）をもっており、そのうちのどれをとらえるべきなのでしょうか。

　また、私たちは自分をどう呼んでもらいたいのでしょうか、それをどう伝えたらよいのでしょうか。だいじなことは、人びとに敬意をはらい、公正に、そして正確にいうことでしょう。それはときに、とても困難をともないます。しかし、繰り返しますが、それはスペルや文法や語法やスタイルなどと、同じくらいに大切なことなのです。

　私たちは人びとを表すことばを明晰に分析し、それらが何を表現しているかをしっかりと認識する必要があります。そして、どのことばを選択するかをよく考えなければなりません。ことばは私たちが物事を見る目といってもよいでしょう。ところが、私たちはことばを客観的にとらえることが、なかなかできません。

　私たちは物事を目で見ますが、それを見ている目を見ることができないのと

同じです。ですから、意識的に努力をしなければなりません。私たち一人ひとりはお互いを慈しむ気持ちを忘れてはなりません。そして、人間どうしの違いを表すことばを、平等で公平なものにする必要があります。

そのためには、注意すべきことがいくつかあります。次はその一例です。

（1）排他的な言い方をしない。Employees are welcome to bring their wives and children. これは男性従業員に宛てたとしかいいようがありません。女性従業員は無視されており、当今の男女共同参画社会の現実に合いません。社会が変われば、ことばも変わらなければなりません。Employees are welcome to bring their family members and friends. くらいにしたいものです。同様に、家庭用防災器具において、Anyone can use this fire safety ladder. のようなキャッチフレーズは適切ではありません。家族の全員が健常者であることを前提にしているからです。

（2）当事者が嫌がることばを使わない。Gypsy、Eskimo、Bushman、pygmy、savage（野蛮人）などは当事者が自分を呼ぶことばではありません。また、メキシコ系アメリカ人（Mexican American）やベトナム系アメリカ人（Vietnamese American）を Mexican とか Vietnamese と呼ぶのも、不見識のそしりをまぬがれません。彼らは今やメキシコ人やベトナム人ではなく、アメリカ人なのです。

（3）同列、平等でない言い方をしない。一般に、the female doctor (lawyer, professor, scientist ...) などは不適切です。なぜならば、the male doctor (lawyer, professor, scientist ...) とは普通いわないからです。a man and wife は a husband and wife や a man and woman にすべきでしょう。英語でこの問題を処理するルールは、Ask yourself if you would say the same thing about a man.（男性についてもその言い方をするかどうか自問する）というものです。a woman and husband という人はいないでしょう。

こう考えると、包括的言語（inclusive language）とはすべての人を包み込む言い方で、排他的言語（exclusive language）とは意図的かどうかは別にして、特定の人びとを除外する言い方ということができるでしょう。もちろん、これは英語だけではなく、すべての言語にあてはまります。多文化共生社会では多言語が使われるので、どの言語でもインクルーシブな使い方が求められるのです。

4. ジェンダーにあてはめると

インクルーシブな言い方をジェンダーの観点からみると、2つ方法があることがわかります。これをしっかりと意識すると、ことばのなかにどんな性差別が潜んでいるかに気づき、問題に対処する方法を考えることができるでしょう。

(1) ジェンダーに言及しない言い方 (gender-free language) をする。lawyer、doctor、employee、mountain climber、operations manager、chief executive officer、child、clerk、sales rep (representative)、hospital patient …などなどです。これらはどれもジェンダーを特定していません。もちろん、businessman、businesswoman、councilman (男性議員)、councilwoman (女性議員) などは、それ自体に問題があるわけではないのですが、特にジェンダーに言及する必要のないときに、使わないほうがよいとされています。そのために、business person とか councilor、council member、member of the council (city council) などがあります。

(2) ジェンダーに公平な言い方 (gender-fair language) をする。これはジェンダーに言及しながらも、両方を公平にあつかう言い方のことです。young man and young woman、congressmen and congresswomen ...。

ただし、この2つの方法で、すべての問題が解決されるわけではありません。一見、包括的にみえる言い方でも、話し手の感じ方や考え方しだいで排他的になることがあります。たとえば、settlers, their wives, and children はその典型です。settler (開拓者) そのものはジェンダーに言及していませんが、このような言い方をすると、開拓者を男性に特定していることになります。settlers and their families としたほうがよいでしょう。

同じように、学校などでは、parent は慣例上 mother を指しがちです。そのため、両性がかかわることが明らかな場合は、mothers and fathers (fathers and mothers) とするのがよいともいわれています。また、business executive は一般に businessman を連想しがちなので、両性に言及するためには businessmen and businesswomen のほうがよいという指摘もあります。

このような両性に配慮した言い方は、ことばのなかの性差別をなくす方法と

して、広く推奨されています。たとえば、世界に多くの影響力をもつアメリカ心理学会（American Psychological Association）は多分野にわたる多くの専門誌を発行していますが、その論文執筆ガイドラインで、男性中心（あるは女性中心）の語法のある論文は採用しないことを明言しています。このガイドラインは世界で広く浸透しています [6]。

　日本では、このような問題はまだ十分に意識されていないようです。あるエステ会社は都内の通勤電車に「Enjoy the Girl!」をヘッドラインとする写真広告を掲げました。多くの日本人はこの驚くべきコピーの「the Girl」を「ガールらしさ」と解釈したようですが、これは実に勝手な解釈で、グローバルにはまったく通じません。日本人の英語力はこんなにも低いのでしょうか。この広告はだれかの指摘を受けたのか、後に「Enjoy, Girls!」に変わっていたのが救いです。

　また、従来「未婚」といわれていた状態は、現在では「非婚」と呼ばれることもあります。「非」や「不」はよいことを指さない印象がありますが、同時に既成概念に対抗する、挑戦するという積極的な態度を表すこともあります。（ガンジーの）非暴力主義（nonviolence）や（ヘンリー・ソローの）市民的不服従（civil disobedience）などです。未婚は結婚を前提とする社会的価値観に基づき、まだその期待が成就されていないことを意味します。これでは、この考えに同調しない当事者にとっては、内心穏やかではないでしょう。

おわりに

　本章では、グローバル英語コミュニケーションが内包する多様性とインクルージョンの問題を考えるなかで、主としてジェンダーの表現をとりあげました。自己の尊厳を守り、他人に敬意を表することは、人びとの出会いと交流では欠かせません。私たちはその論理を学び、その方法を習得することが求められます。次章では、これらの表現を可能にする社会と言語の仕組みについて考えます。

■注

(1) 日本語では、職名に男女の区別をしないことが多い。看護婦は看護士を加えたのちに看護師、保母は保育士になっている。ただし、「雄々しい」「女々しい」、「男坂」「女坂」などは今でも残っている。

(2) 多くの文化で、男性も「男らしさ」の概念に困惑することもある。toxic masculinity（有毒な男らしさ）という言い方もある。

(3) 20 世紀に英文執筆のマニュアルとして絶賛された Strunk and White（1979）は、次のように記している（p.60）。「各人を指す語（each, each one, everybody, every one, many a man）には they を使ってはならない。単数代名詞を使うこと。Every one of us knows they are fallible. → Every one of us knows he is fallible. / Everyone in the community, whether they are a member of the Association or not, is invited to attend. → Everyone in the community, whether he is a member of the Association, is invited to attend.... 両性を包含する名詞の代名詞として he を使うのは単なる便宜上の慣習で、英語の初期からみられる。これらの状況では、he は男性の意味合いを失くしている。最初は男性優位の偏見に根差していたことは間違いないが、何百年の使用を経て不可欠の用法になった」。

(4) 事実、2019 年、『メリアム・ウェブスター英語辞典』と米国方言学会は、単数の they を「2019 Word of the Year」に選んでいる。米国方言学会は 2015 年にも同様のあつかいをしている。Who hasn't found themselves wondering aloud where they put their keys or audibly cursing at something they heard on the news?（鍵をどこに置いたっけと探したり、テレビのニュースに悪態をついたことのない人はいない）ここでは、Who が単数であるにもかかわらず、themselves、they、their などの複数で受けているが、これはもはや誤用ではないのである。

(5) クラーク博士の 1877 年札幌農学校での名言 Boys, be ambitious!（少年よ、大志を抱け！）は今なら、Young people, be ambitious! などになるだろうか。

(6) American Psychological Association (2010).

■参考文献

American Psychological Association. (2010). *Publication Manual of the American Psychological Association*. American Psychological Association.

Strunk, W. Jr. and White, E. B. (1979). *The Elements of Style*. (3rd ed.) Macmillan.

第3章　ことばと社会・ことばと認識

はじめに

　現代社会は個人の尊厳を尊重し、差別をしないという大原則を打ち立てました。これは多文化共生社会で、きわめて重要な価値観になっています。本章では、ことばと社会、そしてことばと認識の関係を整理しつつ、人間の平等を促進することばの役割を考察します。ことばは社会と認識を仲介し、ことばが変われば、社会意識が変わり、社会組織の変革に貢献すると考えられるのです。

1. ことばの教示的機能

　ことばは社会を反映します。もっと根本的にいうと、ことばは社会の仕組みや働きによって造られるのです。私たちはそれらに言及することばが必要だからです。同時に、私たちはことばの指示に従って考え、行動します。社会によって造られたことばを使うことによって、この社会の構造や組織を認識するのです。これはことばの教示的機能（heuristic function）と呼ばれます。

　たとえば、英語の brother は日本語の兄・弟に相当します。それぞれは母語話者の生活する社会の産物なのです。アメリカやイギリスではこの親族名称について年齢による区別を重要視しませんが、日本社会でこの区別はとても大切です。このことは、sister と姉・妹についてもあてはまります。

　ここで、もうひとつ注意すべきことがあります。アメリカ人やイギリス人に "How many brothers do you have ?" と聞いて、"I have one brother." という答えが返ってきたとします。アメリカ人やイギリス人どうしなら、この答えにたいがい満足するでしょう。しかし、日本人はそうはいきません。"Younger or

```
┌─────────────────────────────────┐
│        生成  →  教示             │
│   社会 ⇔ ことば ⇔ 認識           │
│        強化  ←  確立             │
└─────────────────────────────────┘
```

図1　社会と認識におけることばの役割

elder?" と聞きたくなります。

　アメリカ人やイギリス人にとっては男のキョウダイは brother で尽きるのですが、日本人は兄と弟というふたつの別の言い方を聞いて育つので、男のキョウダイは兄と弟が区別されているものと思うのです。そして、この区別が明示されるまで、満足できないのです。ことばは「世界」の見方を教示するというのは、このことを指します。

　また、ナイジェリア英語（Nigerian English）、あるいは西アフリカ英語全体では、兄弟は senior brother と junior brother、姉妹は senior sister と junior sister と呼ばれます。younger や elder では満足できません。この社会の親族組織では，キョウダイは単に年齢ではなく、社会的役割（責務）が重視されます。そして、その観念は独自の英語変種のなかで表現されるのです [1]。

　つまり、ことばは社会と認識を仲介する役割をはたすということです（図1参照）。社会の現象は、それを表現することばを生成します。人びとはそのことばを使うことで、それが指示する現象を認識させられるのです。ことばがなければ、その認識は成立しません。他方、人びとはそのような認識を経験するたびに、そのことばを使用することになり、それはさらにその現象の確立を促します。

2.　政治的に正しいことば

　アメリカでは 1950 年代後半から公民権法（civil rights acts）が制定され、個人の尊厳を尊重し、差別を撤廃するという大原則を確立しています。そして、差別はことばに結晶する、またことばは差別を助長するという観点から、差別

的な表現を是正して、個人や集団の尊厳を尊重することばを使おうとする運動が起こりました。これは図1にぴったりあてはまります。

そして、1990年に障害者の差別を禁止する「障害を持つアメリカ人法」（Americans with Disabilities Act）が提案されたとき、聴覚障害者の側からdisabilitiesでなく、different abilitiesといってほしいという要望が出されました。なるほど、ろう者は手話（sign language）などを使うという別の能力をもっています。

この提案は諸般の事情で採用されませんでしたが、アメリカ人の言語意識の高まりを示すエピソードといえるでしょう。たしかに、people with disabilitiesという言い方はその意味合いとして、people with abilitiesとの対比を暗示し、2グループを区別する態度（見方）を反映し、さらにそれを強化することにつながるでしょう。

このような問題意識はもともと、民族（人種）、ジェンダー、階層、障害、貧困、年齢、身体特徴などに由来する差別をなくそうとする運動に根ざしています。弱者をいたわり、彼らの地位を向上させようとすることは政治的に正しい（politically correct, PC）とされ、これを具現するために政治的に正しいことば（politically correct language）を創造しようという考えが成立しています。

たとえば、old personをsenior citizenと呼ぶ。ここには優しさと慈しみが感じられるでしょう。また、人が嫌がる仕事をするgarbage man（ごみ収集人）をsanitation engineer（衛生技師）とし、彼らがあつかうtrash barrel（ごみ箱）はecological receptacle（環境容器）とするのにも、見識が感じられます。

しかし、old manをchronologically gifted (challenged)（歳月の恩恵、挑戦を受けた）とする、挙句の果てにmanhole（マンホール）をperson holeやutility access hole（公益事業接近口）などとするのには、賛否両論が出ます。論理は徹底する必要があるという見方と、なにもそこまでしなくてもという戸惑いの気持ちがみられます。

また、drunkをsobriety-deprived（正気を失った）、prisonerをclient of the correctional system（矯正制度の利用者）、loserをuniquely-fortuned individual on an alternative career（別の道では独特の幸運をもった人）、homelessをhouselessとするのはどうでしょうか。これでなにか、よいことがあるので

しょうか (2)。

　さらに、illegal immigrant（worker, resident）（不法移民、労働者、住民）は本人に不快感を与えるからといって、undocumented immigrant（worker, resident）（証明書をもたない移民、労働者、住民）に言い換えるのはどうでしょうか。しかも、これはことばの上だけのことで、状況が改善されるわけではないとしたら、このような命名を仕掛ける人はいったい何をしようとしているのでしょうか。

　PC嫌いのトランプ政権は undocumented immigrants を否定して、illegal immigrants とする布令を出しました。ところが、その後のバイデン政権は politically correct language を進めて、illegal alien（不法外国人）を noncitizen（非市民）とまでしました。それぞれの言語行動は各人が抱くアメリカ観の反映でもありますが、各人が他人（有権者）にどうみられたいかを示しているともいえます。

　実は、こういった問題はずっと以前から明らかになっています。政府のお役人は貧しい人のことを poor（貧乏）と呼ぶと、その人の気分を害するという心配からか、needy（生活に困窮している）と言い換えました。そして、これでも自虐的すぎるとして、culturally deprived（文化的に搾取された）と呼び直し、さらに underprivileged（社会的経済的に恵まれない）、disadvantaged（不利な条件におかれた）など、次から次へと新しいことばをつくりました。

　英語語法研究家のウィリアム・モリスとメアリー・モリスは、このような言い換えの被害者とみられる若い女性のことばを、次のように紹介しています。

　　I used to think I was *poor*. Then they told me I wasn't poor; I was *needy*. Then they said it was self-defeating to think of myself as *needy*, that I was *culturally deprived*. Then they told me *deprived* was a bad image, that I was *underprivileged*. Then they told me that *underprivileged* was overused, that I was *disadvantaged*. I still don't have a dime, but I have a great vocabulary.

　　（私は「貧乏」だと思っていました。ところが、役人が口を挟み、貧乏ではなく「生活に困窮している」というのです。また、自分のことを生活に困窮しているというのは自虐的すぎるといって、「文化的に搾取された」となりました。

さらに、搾取されたというのはよいイメージでないので「社会的経済的に恵まれない」ということになり、ついに恵まれないは使い古されたので、「不利な条件におかれた」ということになりました。私は今でも金欠ですが、語彙は増えました）（Morris and Morris 1985, p. 213. イタリックは本書著者）

　また、healthy（健康な）を non-disabled（障害のない）、able-bodied（健常な）を non-disabled（障害のない）にするなどとなると、PC に反感をもつ人びとが増えます。アメリカ人を American と呼ぶのも、アメリカ合衆国がアメリカ大陸の唯一の国であることを暗示するのでやめたほうがよいといわれると、多くのアメリカ人の不信感は募ります。

　また、人口の8割をしめるキリスト教徒のあいだでは、キリスト教徒でない人に気を遣ってキリスト教徒どうしでも Merry Christmas! ではなく Happy Holidays! としようとするのも、行き過ぎと感じるようです。多様な宗教の存在を了承しながらも、自分の宗教をどう実践したらよいのかという自問に迫られます。

　ここまでくると、アメリカ人のなかには PC の過熱に嫌気がさし、なにもそこまで寛容である必要はない、寛容が過ぎると社会を分裂させると感じる人もいるようです。それでも、PC はアメリカ人の善意と思いやりの産物であり、これにより反差別の概念が明示されたことも間違いありません。行き過ぎを理由に、この哲学を全否定するのは望ましいことではありません。

　なお、黒人のあいだで生まれた stay woke（目を覚ます、注意深く見守る）という言い方は、アメリカ人に広くゆきわたり、多様な社会構造のなかに差別を許さないという社会意識と行動を高めていきます。これは Black Lives Matter（黒人の命は大切）の運動で目立つようになりました。また、wokeness という概念も生まれています。

　企業やその他の組織もこれに賛同し、"woke" campaigns（反差別の広告など）を打ち出すところも出ています。ただし、PC と同じく、ことばの操作だけで終わるケースも数多くあるようです。それでも、バイデン大統領は2021年に、1世紀前に起きた米国史上最悪とされる、白人による黒人虐殺事件の現場（オクラホマ州タルサ市）を訪れ、"... the killing ... had been driven by racism that became "embedded systematically and systemically in our laws and culture.... [America can't pretend] it doesn't impact us today."（この殺戮は人種差別によって引き起されました。この差別意識はアメリカの法律と文化に体系的に、かつ制度的に組み込まれています。アメリカはもうこの事件とは関係ないとはとてもいえません）と演説しました（*New York Times International Edition*, June 3, 2021）。

　これに関連して、1990 年代に顕著になった知的運動に、Critical Race Theory（批判的人種理論、CRT）というものがあります。アメリカの人種差別は個人的な偏見ではなく、white privilege（白人には他の人種にない特典と特権が与えられていること）(3) に原因があるという見方です。この構造性を強調するために、The United States is fundamentally racist and sexist.（合衆国は基本的に人種差別と性差別の国）とする主張もあります。

　そして、この考えが学校、企業、行政の「反偏見・反差別」トレーニングに組み込まれるようになると、white privilege を強調するあまり、社会の分断と対立をまねくという批判も生じています。たいがいは、共和党と民主党の党派間の争いにつながっています。ただし、これを理由に、Cancel Wokeness!（反差別をやめよ！）などと叫ぶのは本末転倒で、時計の針を戻すことになりかねません。

　だからこそ、PC の概念はグローバル化時代の多文化共生社会をめざす多くの国の社会、教育、企業のなかに組み込まれています。PC を守るためには、本物とまがいものを峻別する能力が求められるのです。世界がグローバル化するなかで英語を学ぶ私たちも、この問題を他人事ではなく自分事として、しっかりと見定めなければなりません。

　もしかしたら、以前にアメリカの Ms. 誌のエディターであった Robin Morgan 氏が述べたように (4)、PC とは politically correct というよりも、plain courtesy（礼儀正しい振る舞い）としたほうがよいかもしれません。要は、Do as you would be done to.（おのれの欲するところ人に施せ）ということなのです。

おわりに

　グローバル英語コミュニケーションでは、いろいろな民族的文化的背景をも

つ人びと、いろいろな英語で交わることになります。そこで最も大切なことは、お互い平等の人間関係を築くことです。そのためには、お互いの民族的文化的価値観を認め合い、個人の尊厳を慈しむ姿勢が求められます。そして、それはことばに表現されなければならないのです。

■注

(1) Kirkpatrick (2007), p. 106 に加えて、Hans-Georg Wolf とのパーソナル・コミュニケーション（2020 年 9 月 2 日）。

(2) あるアメリカ人はこんなことをいった。"You are houseless, not homeless, because home is wherever you are."（あなたはハウスレスであって、ホームレスではありません。ホームとはあなたが今いるところです）たしかに、これは明晰な分析かもしれない。しかし、貧困問題の解決につながるわけではないだろう。

(3) 黒人は白人の警察官に路上で呼び止められ、ハラスメントを受ける率が高い。白人はあまりこのような経験はしない。これは white privilege の一例である。白人警官が運転するパトカーは黒人の運転する車両を停止させる率も高い。リーガルサスペンスの人気作家ジョン・グリシャムはベストセラーのなかで、黒人警官にこんなことをいわせている。"We have quotas, Grantham. We have to stop so many white people and harass them. Chief wants to even things out. The white cops pick on innocent poor black folks, so we black cops have to pick on innocent rich white folks." (*The Pelican Brief*).（われわれには割り当てがあるんだ。白人を止め、いやがらせをしなければならないんだ。署長は五分五分にしたいようだ。白人の警官は罪のない黒人の貧しい人をいじめる。だから、われわれは罪のない白人の金持ちを狙うんだ。『ペリカン文書』）また、Naomie Harris 主演の映画『Black and Blue』は黒人女性の警察官がジョギング中に白人警官にいきなり誰何されるところからはじまる。2020 年ミネアポリス市で逮捕されたアフリカ系アメリカ人が白人警官から膝で首を圧迫されている動画は世界を震撼させた。警官はズボンのポケットに手を突っ込み、誇らしそうにカメラの方向を見ていた。カナダでは、構造的人種差別 (structural racism) が話題になっている。2021 年に、以前の先住民子弟の寄宿学校の敷地から 215 人の子どもの遺骨が発見され、全国に波紋が広がった。同国では、1883 年ころから 1996 年までに 15 万人もの先住民の児童、生徒が親元から引き離され、強制的に寄宿舎に入れられた。このような学校は139 校あったといわれ、その多くの設立母体はカトリックの教会だった。そこでは、劣悪な環境に加えて、子どもの母語である種族の言語と習慣は禁止された。これらの問題を調査した政府機関は 2015 年の報告書で、これを文化的ジェノサイドとした。そして、トルドー首相は、"That is the fault of Canada."（これはカナダの過ちである）と述べた (*The New York Times International Edition*, June 9, 2021)。現政府は問題の真相解明に努めているが、

先住民団体（今では First Nations と呼ばれる）によれば、その道のりは遠い。
(4) Maggio (1997), p. 26.

■参考文献

Kirkpatrick, A. (2007). *World Englishes*. Cambridge University Press.

Maggio, R. (1997). *Talking about People: A Guide to Fair and Accurate Language*. The Oryx Press.

Morris, W. and Morris, M. (1985). *Harper Dictionary of Contemporary Usage.* (2nd ed.) Harper & Row.

第4章 婉曲語法と平易なことば

はじめに

　多文化共生社会では、個人の尊厳を尊重したことばの使い方が強く求められます。それは婉曲語法に依存します。ところが、その婉曲語法には表の顔と裏の顔があります。ここではその二重性に注目し、グローバル英語コミュニケーションでは、そこで頻用される婉曲語法の真意を見定めることがいかに重要であるかを考えます。そして、その対極にある「平易なことば」を求める運動についても検討します。

1. 婉曲語法の表裏

　政治的に正しいことば（politically correct language）の創造にあたっては、婉曲語法（euphemism）が大きな役割をはたしています。婉曲語法とは元はといえば、そのものずばりの言い方をするといろいろとさしさわりがある際に、遠回しにいう言い方のことです。死や排せつや病などの分野でよく聞くでしょう。「死ぬ」ではなく「お亡くなりになる」、「便」ではなく「お通じ」、「がん」ではなく「腫瘍」、「痴呆」ではなく「認知症」など、多くの日常語にみられます。

　また、これはタブー（禁忌）に触れない言い方としても、ずっと以前から使われてきました。本来、お酒を飲むべきではないとされた僧侶が口にするのは「般若湯」、獣肉を食べることが禁じられた江戸時代に生まれた「牡丹鍋」や「桜鍋」という料理名、遺族の心情を配慮して言い換えられた「自死」、望ましからざる事象を何気なくみせかける「クスリ」「フーゾク」などなど枚挙にいとまがありません。

事実、日本社会は戦後、敗戦を「終戦」、占領軍を「進駐軍」と言い換えることで、落胆と疲弊を乗り越えてきたのかもしれません。60年代の消費経済の伸びは、「借金」を「ローン」とすることで促進できたといえるでしょう。「グリーン車」は1等車の代わりとなり、平等の原則に反する（と思われる）等級区分をうまく乗り切ったのでしょう。このように、カタカナ語（外来語）は婉曲語法によく使われます。

　Oxford Dictionary of English（Second Edition Revised, 2005）は、このような婉曲語法を次のように定義しています。"A mild or indirect word or expression substituted for one considered to be too harsh or blunt when referring to something unpleasant and embarrassing."（不愉快でばつの悪いことがらに言及するさいに、刺激の強い、遠慮のない言い方の代わりに使われる、温和で間接的な語や表現）ただし、これは表の顔で、実は裏の顔もあるのです。

　それは持って回った言い方で、ときに人びとの耳に心地よく響くとしても、意味はいつもとらえどころがありません。それは人びとを煙に巻き、現実を直視させないようにすることにもなるのです。カタカナ語にするとなおさらです。「リバースモーゲッジ」と聞いて、意味をつかめる人はそう多くはないでしょう。職階にディレクター、マネージャー、アドバイザー、コンサルタントなどを付加しても、ことばだけのことで実際はなんの権限も与えられていないこともあるのです。

　アメリカ人の言語生活を長い間にわたって観察した英語語法研究家のウィリアム・モリスとメアリー・モリスは、このような婉曲語法の社会的問題点について、次のように指摘しています。

　　... during the period since the days of the New Deal in the U.S.A., the tendency on the part of political figures to resort to euphemisms — always a part of their make-up — has been extended to nearly ludicrous extremes. Similar use and abuse of euphemisms have become characteristic of much of advertising and promotion language. And, particularly, in the 1960s and the 1970s, the U.S. government indulged in such extended use of euphemisms in its reports to press and public that some scholars have redefined euphemisms as the 'language of deceit.' (1)

（アメリカではニューディール以降、政治家が婉曲語法に走る傾向は、もっともこれはもともと彼らの性格にあったことだが、実に滑稽なほど極端になった。同様に、婉曲語法の使用と誤用は広告と販促のことばになった。そして、特に1960年代と1970年代には、米国政府がこれらを報道や国民向けの文書で頻用するので、多くの学者は婉曲語法のことを「偽りのことば」と再定義した）

　このように、婉曲語法は the language of prudery（慎みのことば）という側面と、the language of evasion, hypocrisy, and deceit（問題回避、偽善、偽りのことば）という側面があることに注意する必要があります。後者は事実を歪曲し、虚偽を正当化する態度の反映であるともいえるのです。政治的に正しいことばの真偽を見定めるのには、このことを考慮に入れなければなりません。

　アメリカ英語では政治のことば（political jargon）のことをよく皮肉をこめて、bureaucratese（官僚ことば）、Governmentalese（政府ことば）、White House-ese（ホワイトハウスことば）、Pentagonese（国防総省ことば）、State Departmentalese（国務省ことば）などといっています。その特徴は gobbledygook（ややこしくて意味不明なことば）です。

　国務省は別名 Foggy Bottom（濃霧の低地）と呼ばれます。これは同省がポトマック川沿いで fog（霧）の多い低地にあることと同時に、半分冗談ながらも fog は frequency of gobbledygook（意味不明な表現の頻出度合）の意味の頭文字語でもあるということで、「意味の明瞭さにおいて最低」という評価に由来します。

　役人はおおげさな表現をちりばめると、もっともらしく聞こえると信じているようです。このほうが予算を取りやすく、企画がもっともらしくみえるからです。役人にかかったら木1本も、ただの a tree ではすまされず、a reforestation unit（植林単位）となったりします。スコップ1本も a shovel ではおさまらず、a combat emplacement evacuator（戦闘位置掘削器）とさえなります。彼らはまさに、婉曲語法の名手なのです。

　普通の人が dead というところを、官僚は nonviable（生育不能な）、no longer a factor（もはや要因とはならない）、さらに terminally inconvenienced（末期的に

不自由になった）などと、訳のわからない言い方をするものです。このように、今や、婉曲語法は政治、経済、軍事、権力、職業、地位、階層、民族（人種）などに関連して、人心をコントロールする働きをしています。

　事実、政府や役所の関係者は婉曲語法を好みます。unemployment（失業）は大衆の不安感を引き起こすので、underutilization（低雇用）と言い換えます。市民の不快感を和らげ、失業の事実を黙認させようとするのです。同じく、reduction in force（労働力削減）というのもあります。失業をより大きな、一般的な現象の枠組みのなかで認識させ、焦点をそらすのです。

　さらに、reduction in force の頭文字をとって rif という新語を造り、He got riffed.（彼は失職した）とさえなります。こうなると、意味の透明性はまったく失われます。頭文字語（acronym）は役人ことばの典型なのです。特に、役人どうしの間で常用されます。一般の人びとには意味不明なことばを造り出し、専門家集団としての自己意識を高めるのでしょう。

　司法省や FBI（連邦捜査局）は informer（たれこみ屋）のことを CI といっています。これは今では cooperating individual（協力者）を指しますが、以前は confidential informant（秘密情報提供者）のことでした。以前の陰湿なイメージを払拭し、市民の責任感を示そうとしながらも、集団隠語の役割もはたしているのです。

　2021 年 WHO（世界保健機関）は COVID-19 の変異株について発生地域名を省いて、ギリシャ文字の呼称を使うことにしました。地域名をつけると、その場所の差別につながるからとのこと。かくして、英国株はアルファ株、南アフリカ株はベータ株、ブラジル株はガンマ株、インド株の一部はデルタ株になっています。なぜか、世界の人口の 5000 万の命を奪ったスペイン風邪はそのままです [2]。

　政治家も負けずおとらず、したたかです。ある大統領候補は絶対に tax raise（増税）をしないと公約し、"Read my lips: no new taxes"（約束します。増税はしません）とまで公言しました。当選後、彼はたしかに tax raise はしませんでしたが、各種の revenue enhancer（歳入増加策）や revenue enhancement（同）を提案しました。彼もこの道の名人でした。

　日本でも、このような言い方がよくなされます。政治、経済、思想、軍事な

どの分野で、アメリカ英語は日本語の語彙の一部になりつつあります。日米関係が英語を通じて緊密になるにつれて、私たちは無意識のうちに、アメリカ人のレトリックを受け入れがちなのです。私たちは英語を自分のもうひとつのことばと認識して、自分の考えにあった英語を使う態度が求められるでしょう。

2. コントロールとダブルスピーク

　現代英語は婉曲表現で満ち溢れています。特に、人びとをコントロールする立場にある権力者はこれを使う傾向があります。アメリカ軍関係者は戦争で100万人の人間が死亡することをワンメガデス（one mega-death）といいます。neutron bomb（中性子爆弾）は clean bomb（きれいな爆弾）と言い換えました。ちなみに、dirty weapon（汚い兵器）は細菌兵器を指します。戦争による一般市民の殺傷は collateral damage（付随的損害）です。こんなふうに言い換えられると、抽象的になり、現実性が薄まることでしょう。ことばの教示的機能（第3章参照）を思い知らされます。

　政治（politics）とは支配（control）と同義の場合が多いです。この関連は政治で使われることばのなかに、よくみられます。政治のことばは、人心のコントロールを目的としているのです。アメリカ軍のジャーゴンで service が kill or destroy の意味に使われ、CIA（中央情報局）では kill（remove, eliminate, assassinate）を terminate with extreme prejudice（極度の偏見をもって終わらせる）といっています。人間のことばのすさまじさを感じるでしょう。

　婉曲語法がコントロールのことばになると、コントロールされる側もいつのまにかそのレトリックにはまり、そのような表現を使いはじめます。企業側が employee empowerment を提案するとします。これは文字どおりには従業員強化を意味するので、実際には人員削減を意味していることになかなか気づきません。このようなことばの使い方は、ダブルスピーク（二重表現 doublespeak）と呼ばれます。

　二重表現は、表の意味とは別に裏の意味をもつことばです。これは事実を隠し、虚偽を正当化することばといえるでしょう。また、そのような態度を誘発することにもなるのです。You are responsible for reorganization（組織再編成に

貢献）と聞くと悪い気持ちはしないでしょうが、実はこれは You are fired（解雇）のことなのです。経営者は解雇（dismissal）とはいわずに、新しいことばをいろいろと造り出すのです。

このような傾向は政治、行政、軍事、産業などの特定部門に限られるわけではありません。教育でも関係者の自己満足のためか、とんちんかんな教育用語（educationalese）が量産されています。generating text（文章生成＝writing）、adjusted behavior（行動調整＝learning）、needs assessment（ニーズ評価＝test）、analysis of readiness skills（対応スキル分析＝test）、achieve a deficiency（欠陥達成＝落第 flunk a test）、at risk（危機にある＝落第しそう likely to flunk）、knowledge-based possessor（知識基盤保持者＝smart kid）、low academic ability（低学力＝not a smart kid）、audible verbal self-reinforcement（可聴言語的自己強化＝独り言 talking to self）、educational delivery（教育提供＝teaching）、educational professional（教育専門家＝teacher）、deficient grapho-motor skills（欠陥的書字運動スキル＝悪筆 bad handwriting）、などなど。

ところで、ダブルスピークはアメリカだけの現象ではありません。以前に、英国の有名銀行が起こした金利操作犯罪事件では、当の銀行は We're clean, but we're dirty-clean, rather than clean-clean.（当社はきれいですが、汚い目のきれいといったところです。きれい目のきれいではありません）と述べていました。これに対して、英国銀行業界の重鎮は、No one's clean-clear.（完全にクリーンな人はいない）と答えました。多くの人びとは、この銀行業界の態度にたいへん驚き、落胆しました。

もちろん、日本語も婉曲語法（二重表現）であふれています。最近では戦争を「有事」といっています。これらの語法は指示対象の概念を拡大し、意味の透明度を弱める働きをします。コントロールの意図は実に明白です。日本が長い間禁止していた「武器輸出」は、「防衛装備品・技術移転」（transfer of defense equipment and technology）と言い換えられ、解禁になりました。また、「敵基地攻撃能力」が専守防衛の理念に反し、かつ過激な表現で国民に受け入れがたいとなると、「自衛反撃能力」という言い換え案も出てきます。コロナ禍では、医療崩壊で入院加療ができないと、「自宅療養」になります。

日本でかつて「死の灰」と呼んでいたものは、いつのまにか「降下物」に変

わってしまいました。これはアメリカ英語の nuclear fallout（核降下物）が fallout に縮約されたのを翻訳した結果でしょう。fallout には一般化と不透明化という婉曲語法の特徴がはっきりとみられます。認識が抽象的になり、現実味がなくなるのです。日本人は自らの経験を語ったことばを捨ててしまったのでしょうか。

　私たちはアメリカ英語を学習するさいに、その見方を無条件で受け入れてよいのでしょうか。広島・長崎の原爆被爆者は atomic bomb victims でしょう。アメリカ人はこれを hibakusha といいがちです。そのほうが外国語なので透明度が低く、自責の念が弱まるのでしょう。それでも、日本人は atomic bomb victims と言い続ける必要があるのではないでしょうか。これは「ことばの政治学」なのです。

3. 平易な英語

　一方、アメリカをはじめ、イギリス、カナダ、オーストラリアなどでは、平易な英語（プレーン・イングリッシュ）運動（Plain English Movement）がさかんになっています。この運動は、一般の消費者のための種々の契約書が難解な法律ことばで書かれていることに対する不満から生じたものです。その後、消費者用製品マニュアルや物品情報、さらには役人ことば（officialese）にも影響が及びました。

　アメリカの法曹界はこの運動を全面的に支持して、法律ことば（legalese）の見直しをはじめました。また、企業もわかりやすいマニュアルを考案しています。立法府は先駆的な法律を制定し、業界に対して消費者用にプレーン・イングリッシュの使用を義務づけました。このようにして、この運動は日常生活のさまざまなレベルに浸透しはじめました。

　ニューヨーク州は早くも 1978 年に、一般消費者用の契約書は平易な英語で書かれなければならないという法律を制定しました。マサチューセッツ州も同年に「平易な英語による生命保険法」を導入しています。ここでは、アメリカの心理言語学者ルドルフ・フレッシュ（Rudolf Flesch）が開発したフレッシュ・スケールという読みやすさの尺度を導入しています。尺度の計算は簡単で、文

書に使用される文、語、シラブル数を計算したものです [3]。ただし、平易な英語は言語単位の数量だけで、きまるものではありません。

(1) 消費者運動と平易な英語

　平易な英語（プレーン・イングリッシュ、plain English）とは、複雑な構文、そして婉曲な表現をなくし、一読しただけでだれもが理解できる英語のことです。それは同時に、情報を正確に伝えるものでなければなりません。このためには、送り手側の努力と訓練が求められます。プレーン・イングリッシュで書かれた文書は真の意味で、伝達機能をはたさなければならないのです。消費者コミュニケーション、あるいは市民コミュニケーションの観点から、多くの工夫がなされなければなりません。

　重要な広報文書が難解なことばで書かれていると、市民は容易に判読できず、その情報は伝達されないに等しいことになります。その結果、市民は大切な行事や運動に参加できなくなることさえもあるでしょう。以前のことですが、ある自動車メーカーは自社製品の重大な欠陥に気づき、ユーザーに次のようなリコール通知を送付しました。

　　A defect which involves the possible failure of a frame support plate may exist on your vehicle. This plate (front suspension pivot bar support plate) connects a portion of the front suspension to the vehicle frame, and its failure could affect vehicle directional control, particularly during heavy brake application....

　　（あなたの車に、車体サポート板の1つに故障を発生させかねない欠陥が存在する可能性があります。この板〔前方サスペンション軸棒サポート板〕は前方サスペンションの部分を車体に連結するもので、その故障は車体方向制御に影響をあたえかねません。特に強くブレーキを操作するときにそれが懸念されます）

　この文書はわかりやすい英語とはとてもいえません。持って回った言い方と専門用語をみせつけています。そのためか、リコールに応じた消費者は50％

42

程度といわれました。他の半分のユーザーは、危険な欠陥自動車を乗り回していたことになります。行政や企業等の広報活動で最も重要なことは、情報を公開するだけではなく、市民が情報を共有し、適切な行動をとるように企図することなのです。

　この文書は日常表現からかけはなれた抽象的で持って回った言い方を多用し、悪文の見本ともいえるでしょう。平易な英語の専門家は、これを次のように書き直しています。その差は実に鮮明です。Your car may have a defective part. If this part fails, you will not be able to steer, especially if you brake hard.... （あなたの車には欠陥がある可能性があります。この部分が故障すると、ハンドル操作ができなくなります。特にブレーキを強く踏むときにその恐れがあります）vehicle directional control とは 1 節で触れた gobbledygook（ややこしくて意味不明なことば）そのもので、なんのことはない、steer のことなのです。

(2) 連邦政府の関与

　連邦政府は「平易な英語」の社会的意義を認め、歴代にわたってさまざまな施策を打ち出しました。クリントン大統領は 1998 年に、連邦政府としてこの運動をさらに推進することを宣言しました。同年の 8 月には連邦政府の独立組織である証券取引所委員会（Securities and Exchange Commission, SEC）が *A Plain English Handbook: How to Create Clear SEC Documents* という有意義なハンドブックを準備しました。そこでは plain English について、次のように実にわかりやすく定義しています。

　　Plain English means analyzing and deciding what information investors need to make informed decisions.... A plain English document uses words economically and at a level the audience can understand. Its sentence structure is tight. Its tone is welcoming and direct. Its design is visually appealing. A plain English document is easy to read and looks like it's meant to be read. (U.S. Securities and Exchange Commission, 1998, p. 5)

　　（平易な英語とは、投資家が合理的な決定をするのに必要な情報を分析し、決定するためのものです。平易な英語の文書は、ことばを効率よく使い、読者が

よくわかるように工夫します。その文章は前後関係が明白です。まるで読者に呼びかけるようで、回りくどいことはありません。レイアウトは見た目がきれいです。平易な英語は読みやすく、まさに読まれるためにあるのです）

　本書は、企業が SEC に提出する文書はすべて plain English で書かれなければならないと述べ、この方針の意義、そして平易な英語の書き方、その評価法、実例などを示しています。要するに、企業に対して、一般市民への開示情報はわかりやすいことばで提供するように求めたのです。これは現在、とても大きな影響力をもっています[4]。

　オバマ政権も 2010 年に平易な文書法（Plain Writing Act）を制定し、政府文書は国民が理解しやすいように書かれなければならないとしました。そして、2011 年には Federal Plain Language Guidelines を公刊しました。その要諦は、"Citizens deserve clear communications from government."（市民は政府から明確なコミュニケーションを受けるべきである）とあります。政府機関である The Plain Language Act and Information Network（PLAIN）は "Improving Communication from the Federal Government to the Public"（連邦政府の国民とのコミュニケーションを改善するために）をスローガンにして、インターネットでいろいろな情報を流しています。従来の役人ことばと平易な英語の違いを示した事例は興味深いので、ここに 2 例を示します。

　医療保険医療扶助センター（Centers of Medicare and Medicaid）の高齢者医療保険受益者部（Medicare Beneficiary Services）には、不正請求を告発する手紙が大量に飛び込んできます。従来は a. のような返信を出していましたが、最近は新法にもとづき、b. のようにしています[5]。

　a. Investigators at the contractor will review the facts in your case and decide the most appropriate course of action. The first step taken with most Medicare health care providers is to reeducate them about Medicare regulations and policies. If the practice continues, the contractor may conduct special audits of the providers [6] medical records. Often, the contractor recovers overpayments to health care providers this way. If there is sufficient evidence to show that the provider is consistently violating Medicare policies, the contractor will document the violations and ask the Office of the Inspector General to prosecute the case. This can lead to expulsion from the Medicare program, civil monetary penalties, and imprisonment.

（契約事務所の調査員はあなたのケースの事実を検証し、最適な対処法を決定します。医療保険のヘルスケア提供者について最初にすることは、彼らに対して医療保険の規定と方針についての再教育です。あなたの指摘する行為が続くようでしたら、契約事務所はヘルスケア提供者の医療記録を特別に監査します。ここで、契約事務所はヘルスケア提供者に過剰の支払いをしていることが判明することがあります。ヘルスケア提供者が継続して医療保険の方針に違反している証拠があれば、それを記録し、監察総監室に告訴を依頼します。これにより、当該ヘルスケア提供者は医療保険事業からの追放、民間金融科料、そして収監につながることもありえます）

b. We will take two steps to look at this matter: We will find out if it was an error or fraud. We will let you know the result.（この件について２つの手当をします。まず、これが間違いか詐欺かを調べます。結果はあなたに通知します）

もうひとつ挙げます[7]。保健福祉省（Department of Health and Human Services）の公衆保健部（Public Health Service）では市民に向けて体重コントロールの方法を示していますが、その文章には、a. から b. と、次のような変化がありました。

a. The Dietary Guidelines for Americans recommends a half hour or more of moderate physical activity on most days, preferably every day. The activity can include brisk walking, calisthenics, home care, gardening, moderate sports, and dancing.

（アメリカ人のためのダイエット・ガイドラインは、半時間、あるいはそれ以上の軽度の運動をできるだけ多くの日、できれば毎日行うことを推奨します。運動には活発なウオーキング、柔軟体操、家事、ガーデニング、軽いスポーツ、そしてダンスが含まれます）

b. Do at least 30 minutes of exercise, like brisk walking, most days of the week.（少なくとも30分のエクササイズ、活発なウオーキングなどを、週のできるだけ多くの日に行いなさい）

（3）信頼のコミュニケーション

このように、政府や企業が市民や消費者にわかりやすいことばで情報を伝達することの意義は、双方に信頼のコミュニケーション（credible communication）を確立することにあります。人びとの信頼（trust）と満足（satisfaction）を得るためです。しかし、実際は、これは至難の業なのです。書き手側の真摯な態度と自省が求められます。

ある証券会社のパンフレットは "state of the art electronic platform for professional traders"（最新のコンピューターシステム）を誇り、"Your satisfaction is our top priority."（お客様のご満足こそ当社の最重要事項です）と投資家を勧誘します。しかし、文書の中ごろにはこんなリスク・ディスクロージャーが隠されています。

> "Electronic trading facilities are vulnerable to temporary disruption or failure. You may experience loss of orders or order priority. Your ability to recover certain losses as a result of such disruption is limited by the system providers, clearing firms, exchanges, and brokerage."
>
> （電子トレーディング会社は一時的混乱や通信不通に弱いところがあります。あなたは注文や優先順位の点で損失を被るかもしれません。このような混乱の結果として、あなたの損失を回復する能力はシステムプロバイダー、清算会社、取引所、証券会社によって制限されます）

これは要するに、"If you lose money due to a failure in our technology, you are responsible for your own loss."（あなたが当社のテクノロジーの不具合により損失を被っても、それはあなたの責任になります）のことなのです。

前述した SEC の *A Plain English Handbook* の「はしがき」で、アメリカの投資家、経営者、資産家であり、世界最大の投資持株会社であるバークシャー・ハサウェイの筆頭株主でもあるウォーレン・エドワード・バフェット（Warren Edward Buffett）は、次のことばを寄せて、plain English の意図することを、実にわかりやすく述べています。

When writing Berkshire Hathaway's annual report, I pretend that I'm talking to my sisters. I have no trouble picturing them: Though highly intelligent, they are not experts in accounting or finance. They will understand plain English, but jargon may puzzle them. My goal is simply to give them the information I would wish them to supply me if our positions were reversed. To succeed, I don't need to be Shakespeare; I must, though, have a sincere desire to inform. No siblings to write to? Borrow mine: Just begin with "Dear Doris and Bertie." (p. 2)

（私はバークシャー・ハサウェイの年次報告書を書くときには、自分の姉妹に話しているつもりで書いています。彼女らのことは容易に頭に浮かびます。彼女らは十分に知的ですが、会計や金融の専門家ではありません。平易な英語は理解しますが、専門用語には難儀します。私の目標は、立場を逆にして、私が彼女らに伝えてもらいたいと思う情報を彼女らに提供することです。これに成功するためには、私はシェイクスピアになる必要はありません。でも、私は伝えようとする誠意ある気持ちをもたなければなりません。えっ、姉も妹もいないんですか。私のを借用してください。Dear Doris and Bertie と書きはじめてください）

　日本でも、消費者コミュニケーション、またはサービス・コミュニケーションの観点から、この問題を考える必要があるでしょう。メーカーとユーザーの関係では、後者は消費者（あるいはサービス受益者）と定義することができます。行政と市民、役所と住民、金融機関と借り手、企業と株主、医師と患者、弁護士と依頼人、あるいは先生と生徒などの関係においても同様でしょう。

　サービスを提供する側は受け手に対して、その意図と内容を適切に、わかりやすく伝達することが求められます。現在では情報の公開が先立ち、その効果的伝達にまで工夫が及んでいないようです。これは、民主主義を運営することばが十分に機能しておらず、ことばの民主主義が十分に発達していないことを示すのではないでしょうか。

おわりに

　本章では、人に優しいことばを造り出す装置として、婉曲語法の働きについて言及しました。それには慎みのことばと、ごまかしのことばの両面があることがわかりました。私たちはそのどちらが使われているかをしっかりと見極める能力が求められます。そして、そのどちらを使うかは、使い手の意思しだいなのです。

　また、私たちは「平易な英語を求める運動」に目が離せません。それは、「ことばの民主主義」をめざしているからです。だれもが理解できることばで情報が伝達されれば、その情報は多くの市民によって共有され、多くの市民がさまざまな行事、決定に参加できます。これは多文化共生時代に不可欠の要素です。そして、これはどの言語にもあてはまる考えといえるでしょう。

■注
(1) Morris and Morris (1985), p. 211.
(2) 日本では、国名がついて不興をかったものに、「トルコ（風呂）」（個室付特殊浴場）がある。これは「ソープランド」に言い換えられた。
(3) Flesch (1979)。本名 (1994) は数量的尺度に加えて、統語的尺度の重要性を論じている。
(4) Bailey (1996)、Cutts (1996)、Steinberg (1991) も有効。
(5) http://www.plainlanguage.gov/examples/before_after/medicarefraudltr.cfm （2014/06/01 アクセス）
(6) providers' と所有格を示す符号（アポストロフィ）を付けるほうがわかりやすいが、アメリカ英語ではこれを省略している。
(7) http://www.plainlanguage.gov/examples/before_after/pub_hhs_losewgt.cfm （2014/06/01 アクセス）

■参考文献
本名信行 (1994)「「平易な英語」の測定尺度に関する比較研究」『青山インフォメーション・サイエンス』Vol.22, No.1, pp. 31-40.
Bailey, Jr., Edward P. (1996). *Plain English at Work*. Oxford University Press.
Cutts, M. (1996). *The Plain English Guide*. Oxford University Press.
Flesch, R. (1979). *How to Write Plain English*. Barnes & Noble Books.

Morris, W. and Morris, M. (1985). *Harper Dictionary of Contemporary Usage.* (2nd ed.) Harper & Row.

Steinberg, E. (1991). *Plain Language.* Wayne University Press.

U.S. Securities and Exchange Commission. (1998). *A Plain English Handbook: How to Create Clear SEC Disclosure Documents.* (http://www.sec.gov/news/extra/handbook.htm) (2014/06 /01 アクセス)

第5章 | 多様なコミュニケーション・スタイル

はじめに

　世界の人びとが英語を使うと、コミュニケーションの仕方にいろいろな違い
が生じます。英語を使うなら、イギリス人やアメリカ人のように使いなさいと
はなりません。英語は国際言語だからです。ここでは、いくつかの対照的なコ
ミュニケーション・スタイルと、話し手の文化的前提の差異をテーマに、グ
ローバル英語コミュニケーションを効果的に進める方法を考えます。

　また、コミュニケーションでは自分の意見を明確に述べ、相手の話をしっか
り聞くことが大切です。相手の話をよく聞くことは、共感力（エンパシー）を
培い、多文化共生社会で求められる協力と協働の精神を育てます。また、相手
の話を聞くさいには、相手の発する非言語シグナルにも注意を向けなければな
らないので、ノンバーバル・コミュニケーションの問題にもふれます。

1.　情報交換と人間関係のコミュニケーション

（1）情報交換のコミュニケーション

　コミュニケーションは情報や知識の取得、伝達、交換、広報などに欠くこと
ができません。科学技術の発達と革新にともない、コミュニケーションはこの
ためにあるとさえ考えられがちです。そして、このための効率的なコミュニ
ケーションの方法が研究開発されてきました。よくあげられるのは、イギリス
の言語哲学者 H・P・グライス（H. P. Grice）が 1967 年に提示した会話におけ
る「協調の原理」です。それは、話し手と聞き手は次の 4 条件を共有しなけれ
ばならないというものです [1]。

①必要なことだけをいう。(必要なこと以外をいわない)

②真実をいう。(虚偽をいわない)

③関係のあることだけをいう。(関係のないことをいわない)

④明確にいう。(あいまいな言い方を避け、短く、順序立てていう)

たしかに、これはビジネスの業務や連絡などの目的にかなった方法です。たとえば、部下と上司の会話が次のように行われれば、まずミスコミュニケーションの問題は生じないでしょう。

【事例1】

Staff: Mr. Sharma, today we are scheduled to hold a task-force meeting on Project X at 3 pm at Conference Room 1. Several specialists from other departments are expected to participate. We would like you to attend the meeting and explain the general purpose of the Project. I will steer the meeting. (部長、本日午後3時に第1会議室でプロジェクトXに関する担当者会議を予定しています。他の部署からも数人の専門家が参加することになっています。部長には会議に参加して、プロジェクトの全体的目的を説明していただきたいと存じます。なお、私が司会をいたします)

Manager: Sure. I will be there. Thanks. (わかりました。出席します。ありがとう)

ここでは、部下は部長に打ち合わせ会合に出席を依頼し、会合の目的、日時、場所を明示すると同時に、部長の役割も説明しています。なお、部下が司会をするということで、もしものときには自分に連絡してほしい旨を伝えています。グライスの原理どおりで、①〜④のすべての条件が満たされています。

そして、これらの条件のどれかが不足すると、コミュニケーション不全の原因になることもよくいわれます。

【事例2】

Manager: Mr. Luo, could you make a list of our new Chinese customers? (羅さん、新しい中国人顧客のリストを作ってもらえますか)

Mr. Luo: Yes, Mr. Yamada. I will do it.（わかりました、部長。やっておきます）
　夕方になって
Manager: Mr. Luo, may I have your list?（羅さん、リストをもらえますか）
Mr. Luo: ???（ええっ？）

　ここでは、グライスの原理の基本である「必要なことだけをいう」が十分でなく、「必要なこと」がいわれていません。つまり、上司は仕事の期限を明確にしていないのです。上司は今日中のつもりであり、部下もことの成り行きからそれを了解しているはずと思い込んだようです。そこで、それを明示する必要を感じなかったのでしょう。

　一方、部下は期限については別の解釈をもっていたと思われます。そして、今までの流れから、部長もこれを共有していると思ったのでしょう。もしそうでなければ、部下は上司にその情報を求めたはずです。しかし、現実には、双方の思い込みは食い違っていたのです。お互いに相手の「察し」の力に依存したため、言いそびれて（聞きそびれて）しまったと思われます。

　ビジネスにおいて、このような察しに依存したコミュニケーションの様式は多くの重要な問題の原因になりますが、同時にグライスの「協調の原理」の記述が十分でないことも明らかです。つまり、「必要なことだけをいう」とありますが、何が必要なことかについては個人差、文化差があり、一筋縄ではいかないのです。「真実」「関係性」「明確さ」についても、多様な解釈が可能になるでしょう。

（2）人間関係のコミュニケーション
　コミュニケーションは情報交換だけが目的ではありません。人間関係を確認し、それを強化するという目的もあります。そして、それにはそれに適応したスタイルがあります。ロビン・レイコフ（Robin Lakoff）は 1975 年に対人関係の構築と維持のために、コミュニケーションを「ポライトネス（思いやり）のルール」として、次の 3 点にまとめました [2]。

①強要してはならない。（距離をとる）

②選択の機会を与える。（相手の意見を尊重する）
③友好的でなければならない。（人間関係をだいじにする）

　このスタイルは日常生活で、よく使われています。あいさつはその典型的な例でしょう。How are you? や「どちらまで？」は疑問文で、情報を求める文型と同類ですが、ここでは別の働きをします。相手に話しかけることで、相手に気を遣っているという社会的シグナルを伝達しているのです。ですから、次例でわかるように、「ちょっとそこまで」が十分な返答なのです。

【事例3】
A：あら、お出かけ。（③友好的でなければならない）
B：ええ。
A：どちらまで。
B：ちょっとそこまで。
A：よろしいですね。

【事例4】
みどりの窓口で客が係員に新幹線のキップを見せて、
客：これ、日付変更してください。できたらでいいですが。（②選択の機会を
　与える）
係員：はい。

　ここでは、日付変更をやってもらいたいところを、それだけをいうと相手に無礼になるという配慮からか、「できたらでいいですが」と心にもないことをいっています。いや、実は、相手の感情を傷つけないというのは、けっして心にもないことではなく、本心からかもしれません。このために、特に日本では、「できたら」「時間があったら」「お暇なときに」などといって、語気を緩める言い方が好まれます。ただし、聞き手はこれを文字どおりに解釈しているわけではないのです。

（3）情報交換と人間関係の狭間

　以上に示したように、コミュニケーションの目的は情報交換と人間どうしの絆の確認にあり、それぞれはそれにかなった行動ルール（スタイル）を確立しています。ただし、実際は、双方が入り交じり、意味の解釈に食い違いをきたすこともあります。日常のたわいのないケースもありますが、より深刻で利害の衝突につながるケースも多々あります。

【事例 5】

Doctor: How are you today?

You (Patient): Oh I'm fine, thank you. And you?

Doctor: ???

　これは日本人がときに外国の病院で経験するできごとです。医師の How are you? をあいさつと解釈し、紋切り型の返答をし、医師をびっくりさせてしまうという話です。医師は How are you? で患者の症状を聞いています。すなわち、情報を求めているのです。コミュニケーションでは同じ言い方がその目的しだいで、違った意味をもつことを認識する必要があります。

　インドネシアでは、Where are you going? があいさつことばになっていますが、タクシーの運転手がこういえば行き先を聞いているはずです。また、マレーシアでは、Have you eaten? があいさつとしていわれますが、親が昼食時を過ぎて帰宅した子どもにこういえば、あいさつではないでしょう。

　もっとも、あいさつことばは文化的慣習になっており、文化が違うとあいさつとはとれないことも多々あります。オーストラリアでは、あいさつことばとして How are you going? が普通です。しかし、これはイギリス人やアメリカ人のあいさつことばとは違うので、これを聞くと疑問文を真に受けて、By bus. などと答えることがあるそうです。

【事例 6】

　日本人の会話。お互いの日程を調整して、やっとのことでランチの約束をした 2 人の女性。前日に A が B に電話して、

Ａ：明日ね、実家の母が来ることになったのね。

Ｂ：そう。

Ａ：何年ぶりかしらね。10年ぶりかも。

Ｂ：そうなの。

Ａ：来るとなると大変なの。なにしろきれい好きで、朝から大掃除よ。

Ｂ：大変ね。

Ａ：それにいろいろ聞いてあげなければね。

Ｂ：そうよね。

Ａ：そんなわけで。

Ｂ：うん、わかった。

Ａ：ごめんね。

Ｂ：いいよ。またね。

　日本人は相手の気持ちを傷つけずに、情報を伝える術に長けているといわれます。ここでは、Ａは明日の昼食会をキャンセルしたいというリクエストを一切口にしないで、その目的をはたしています。Ｂもその話題を持ち出しません。お互いにこれを口にすると、食事会の準備にいたる経過などを思い出し、気持ちが穏やかでなくなるからでしょう。まさに、阿吽の呼吸です。

【事例7】

イブが乳がんの手術を受けたあとの会話 (3)。

Eve: I found it upsetting to have been cut into. Looking at the stitches was distressing because they left a seam that had changed the contour of my body.（身体にメスが入るのは不安だったわ。傷口は見るも無残よ。縫合線が残るし、身体の線が変わるのよ）

Karen（friend）: I know. It's like your body has been violated.（わかるわ。身体が侵されたっていう感じよね）

Mark（husband）: You can have plastic surgery to cover up the scar and restore the shape of your breast.（形成手術を受ければ。傷痕を隠せるし、乳房の形も回復できるのでは）

イブはカレンの同情に癒やされましたが、マークには激怒しました。ここに男女の「異文化間」コミュニケーションのギャップがあります。イブはこのコミュニケーションで自分の気持ちを理解してもらいたいことを伝えたかったようです。女性どうしでは、このことはすぐにわかります。カレンは同じ目線でイブの気持ちを受け止めています。

　ところが、マークはイブが問題を抱えており、その解決のためのアドバイスを求めていると解釈してしまっています。イブはここにアドバイスを与える人と受ける人というパワー関係のフレームが敷かれるのを感じます。しかも、手術はもうこりごりと思っているところに、さらに形成手術を勧めるマークにイブは不信感を抱くのです。

Eve: I'm not having any more surgery!（もう手術は嫌よ）

Mark: I don't care. It doesn't bother me at all.（それでいいよ。ちっともかまわないよ）

Eve: Then why are you telling me to have plastic surgery?（それではなぜ形成手術を勧めるの）

Mark: Because you were saying you were upset about the way it looked.（見てくれが悪いといつもいってたではないか）

　コミュニケーションは情報交換のためでもあるし、人間関係のためでもあるのですが、その重きの置き方にはいろいろな文化差があります。身近な男女間や世代間のコミュニケーションをとおして、これらの問題を観察してみてはどうでしょうか。民族間コミュニケーションにつながるところが多々あると思われます。

　一般に、男性は情報交換の「核心をつく」スタイル、女性は人間関係の「つながり」や「思いやりの」スタイルを好むといわれます [4]。男性は仕事を中心としたコミュニケーションに浸かってしまい、退職後に話し相手に欠くのはこのためともいわれます。女性は仕事では、ときに男性型に同調し、情報交換型のコミュニケーションを重視しすぎてしまうこともあります。男性よりも男性的などといわれるのは、このためでしょう。言語学ではこれを「過剰矯正」

（hypercorrection）と呼んでいます。それでも、ラポール（絆）を維持しており、老後も何重もの友だちサークルに囲まれる傾向にあるようです。仕事の要請で情報型を使いこなしながらも、「かかわり」を忘れないのでしょう。

　ビジネスでは情報交換のコミュニケーション様式が標準とされてきました。たしかに、「要点をつく」ほうが、「だらだらいう」よりも評価される側面が多いでしょう。しかし、実際は、人間関係のコミュニケーション様式も持ち込まれ、相応の役割をはたしています。だいじなことはそれをどう使い分け、どう融合するかなのです。コミュニケーションは動物などのする、毛づくろいの機能をはたすことを忘れてはなりません。

2.　フレーム・ファーストとメイン・ファースト

　私たちはひとつのことをいうためには、いろいろな言い方があることをしっかりと理解する必要があります。コミュニケーションの流れからみると、依頼、謝罪、感謝、説得などを表明するのには、一般に２つの方法があります。①「まず枠組みをいい、それから要点をいう」のと、②「まず要点をいい、それから枠組みをいう」です。

　前者をフレーム・ファースト（frame first）、後者をメイン・ファースト（main first）と呼ぶことにします。従来、英語教育では「あれこれいうのではなく、要点をいう」（Get to the point! Don't beat around the bush.）ことをよしとしてきました。イギリス人やアメリカ人がそれを好むからです。しかし、本来、どちらかに優劣があるわけではなく、価値判断の対象にはならないのです。

【事例8】
　事実、世界の多くの人びとはフレーム・ファーストを主として使っています。コミュニケーションでは、情報の交換だけではなく、人間関係の醸成と確認も行われるのです。次に、インドネシアの２人の女性の会話をあげます。ＡはＢの家を訪問し、あれやこれやと話をしたあとに、用件を告げます。

　A: (knocks at the door.) Assalamu alaikum. （［ドアにノック］あなたに平等あれ。
　　　アラビア語のムスリムのあいさつ）

B: Wa alaikum salam. Please come in. （あなたにも平等あれ。どうぞ入って）

A: Are you alone? （ひとりですか？）

B: Yes. I am always alone during the day. （そう。昼間はいつもひとりよ）

A: Where are your children? （子どもたちは？）

B: My son is helping his father in the rice field and my daughter is studying at school. （息子は田んぼで父親を手伝っています。娘は学校よ）

A: What are you growing at the moment? （今は何を作ってるの？）

B: Rice. Earlier we grew chili. What about your children? （お米よ。その前は、チリね。あなたのお子さんは？）

A: Oh, he is still in Jakarta. I haven't heard from him for months now. But I believe the saying "no news is good news." （息子はまだジャカルタにいるわ。このところ連絡がなくてね。でも、知らせがないのはよい知らせというからね）

B: What is he doing in Jakarta? （ジャカルタで何をしているの？）

A: He is a tailor in Tanggerang. He works for his uncle. （タンゲランで仕立てをやっているの。叔父の店でね）

B: Has he married? （結婚は？）

A: Yes. He married a Javanese girl. （ええ。ジャワの女性とね）

B: That's good. （いいわね）

A: Oh, what I would like to tell you is this. Do you know Hassan's daughter?（ああそう。今日はこれを伝えに来たのよ。ハッサンのお嬢さんを知ってる？）

B: I vaguely know her. （なんとなくね）

A: She is going to marry Chairil's son. The wedding party will be next Friday. We hope you can come. （チャイリルの息子と結婚するの。結婚式は来週の金曜日よ。あなたにも出席していただきたいわ）

B: Insyaallah I will come. （神の思し召しがあれば、出席します）

A: I think I should be off now. Assalamu alaikum. （それではお暇しますね。アッサラームアライクム）

B: Wa alaikum salam. （ワアライクムサラム）⁽⁵⁾

このように、話し手どうしがコミュニケーション・スタイルを共有している

ところでは、話はスムーズに進行します。しかし、状況（フレーム）と本題（メイン）のどちらを先にいうかは文化に深く根を張っており、2つの方法があいまみえると、お互いになかなか融通が利かないことがあります。

　英語の非母語話者はフレーム・ファーストで育つ人が多いので、それを英語に持ち込みます。そこで、メイン・ファーストの母語話者と衝突しがちです。両方とも自分の方法が正しい、当然のものと思い込んでしまい、自分のものとは違った言い方があることに思いが及びません。そのために、相互調整をはかる努力がなされないのです。

【事例9】

　以下は、香港が1997年に中国に返還される前に、香港警察署で実際に起きたできごとです。

　中国人巡査Bがイギリス人警視Aの部屋をノックします。

A: Yes?（はい）

B: My mother is not very well, sir.（母の具合が悪いのです、署長）

A: Yes?（ええ？［眉間にしわを寄せる］）

B: She has to go into hospital, sir.（病院に行かなければなりません、署長）

A: So?（それで？）

B: On Thursday, sir.（木曜日です）

A: What is it that you want?（君はいったい何をいいたいんだ？［苛立ちの表情をあらわにする］）

B: Nothing, sir. It's all right.（何でもありません、署長。だいじょうぶです）⁽⁶⁾

　ここではコミュニケーションは成立しませんでした。巡査は入院する母の面倒をみるために休暇がほしかったのですが、中国式のフレーム・ファーストの様式に慣れていたため、母親が病院に行くというだけで、休暇がほしいという要点を切り出せなかったのです。また、この会話の記録では、警視は巡査のいいたいことがわかっていました。それでも、警視はイギリス式のメイン・ファーストのスタイルをよしとしたため、それを受けとめられなかったのです。

　このようなコミュニケーション・スタイルを起因とする誤解や衝突は、いた

るところで生じています。これらを解消する努力は、2つの面で求められます。まず、人間の言語には同じことをいうのに、いつも別の言い方があり、自分の言い方だけが正しいと思ってはならないということを、言語教育を通じて十分に理解することです。特に、英語教育では、このことを常に意識する必要があります。

　現代英語の国際化と多文化化を考えると、このことは特にアメリカやイギリスの学校教育で強調すべきでしょう。上の例のイギリス人警視のように、相手のいいたいことがわかっているにもかかわらず、言い方が自分流でないために知らないふりをするのは権威主義的かつ独善的で、控え目にいっても大人気ない行為でしょう。linguistic egocentrism（言語的自己中心主義）は願い下げです。

　ネイティブ・スピーカーはどちらかというとメイン・ファースト、ノンネイティブ・スピーカーはフレーム・ファーストを選択する傾向にあります。しかし、コミュニケーション・スタイルそのものには、その優劣を決める要素はなにもありません。"Work harder if you don't want to fail."（もっと頑張りなさい。失敗したくないなら）という人もいれば、"If you don't want to fail, work harder"（失敗したくないなら、もっと頑張りなさい）という人もいるでしょう。順番に優劣はないはずです。

　もちろん、状況によっては、一方がより便利である、ということはあるでしょう。たとえば、緊急事態の通告などの場合には、だれでも要点だけをいうでしょう。Danger（危険）とか Traffic Congestion Ahead（前方交通渋滞）のような看板は、どこでも共通です。しかし、普段であれば、両方とも有効なはずです。先にも述べたように、枠組み（文脈）を先にいう方法は世界中で実行されています。

　次に、違いを乗り越えて、コミュニケーションを維持し、実らせる能力を獲得することが求められます。上の例でいえば、警視は巡査が何をいいたいかがわかっていたのですから、もっと柔軟な態度で応じるべきでした。What is it that you want?（君はいったい何がいいたいんだ）に対して、巡査も So can I have some leave, sir?（休暇がほしいのです）と応じられたはずです。そうすれば、コミュニケーション・スタイルの違いを越えて、望ましい結果が得られたでしょう。

ただし、このエピソードをもとに、こういう行き違いを避けるためには、英語を話すならネイティブ・スピーカーのやり方に合わせる必要があると考えるのは本末転倒です。コミュニケーションはお互いがやりとりするわけですから、片務的ではないはずです。必要に応じて、双方が譲りあわなければなりません。しかも、英語はネイティブ・スピーカーとだけ使うことばではありません。

　たとえば、アジア人どうしなら、このような状況を処理するのに、あまり困難はないでしょう。アジア人はたいがいフレーム・ファーストがふつうです。香港の日系企業であれば、日本人上司と中国人部下との会話は、こんなふうになるでしょう。あなたがこの立場になったとして、あなたの言い方を考えてみてください。

Chinese: My mother is not very well, sir.（母の具合が悪いんです）

You: I am sorry to hear that.（それはお困りですね）

Chinese: She has to go into hospital, sir.（病院に行かなければなりません）

You: That's bad.（それは大変だ）

Chinese: On Thursday, sir.（木曜日です）

You: What do you want to do? Go home early, or have some leave?（どうしたいですか。早退しますか、休暇をとりますか）

Chinese: I would like to have some leave for my mother.（母のために休暇をとりたいです）

You: OK. You can look after your mother.（いいですよ。看病してあげてください）

Chinese: Thank you, sir.（助かります）

　さらには、アジア人どうしなら、相手の最初のことばから、その意図をすぐに理解して、解決策を提示することもあるでしょう。フレームはメインを示唆します。あるいは、暗示的コミュニケーションは、明示的コミュニケーションと同じような働きをすることもあるのです。たとえば、こんなことも可能です。

Chinese: My mother is not very well, sir.（母の具合が悪いんです）

You: Oh, you must be worried. Would you want to take a leave and take care of your mother?（それは心配ですね。休暇をとって看病しますか？）

　アジア人どうしでは、お互いにネイティブ・スピーカーのスタイルに従わないほうが、コミュニケーションをうまく運ぶことができるのです。英語を話すなら、ネイティブ・スピーカーと同じように話しなさい、というのはいかに不自然かが、ここでもわかるでしょう。英語は話し手どうしが最も便利と感じる方法で使うのが一番よいのです。

3. 「前提」の違いによる解釈の違い

　コミュニケーションは話し手と聞き手の社会的文化的前提（socio-cultural assumptions and presuppositions）に大いに依存します。前提意識を共有している関係では、協調のルールやポライトネスのルールに多少の逸脱があっても、コミュニケーションはなんとか成立します。共有がないと、いろいろな齟齬が生じます。しかも、実際は、前提を共有することは少ないようです。
　企業内では、社員は社内コミュニケーションについて、多くの前提を共有するものと期待されています。それでも、期待の内容は一様ではありません。事例2では、部長は部下に仕事を依頼しましたが、完了期限を明示しませんでした。部下もそれを聞かなかったのです。ともに期限についてはわかっていたつもりでしたが、それが食い違っていたのです。
　これは日本人と中国人の社内コミュニケーションの事例ですが、日本人どうしでもこういった行き違いがあります。それでも、外国人とのコミュニケーションではもっと、すべてをことばでいうくらいでなければならないでしょう。ここでは、日本人の上司は中国人の部下に、朝頼んだ資料は夕方までにできているのがあたりまえだろうなどと、いってしまいました。

　部下：それなら、どうしてはっきりとそういってくれなかったのですか？
　上司：ロボットじゃないなら、それくらいはわかるだろう！

　日本人は「以心伝心」を信じ、相手の意図を察することをよしとします。中

国人も「将心比心」(相手の身になって考える)を座右の銘にしているそうです。それでも、各人の文化的前提が異なると、このような心構えだけでは空振りに終わるようです。ことばで詳細に説明しあうのが、何にもまして重要になるのです。

　ここで、ひとつ微妙なできごとを記しておきます。2019 年 8 月 22 日のこと。日韓関係の悪化にともない、韓国は日本との GSOMIA (General Security of Military Intelligence Agreement, 軍事情報包括保護協定) の終了を決めました。その理由のひとつとして、韓国側は「とても意味のあるシグナルを送ったが、日本からの反応は、要人からも外交ルートからもなかった」ことをあげました (『朝日新聞』2019 年 8 月 23 日)。

　すなわち、文在寅大統領はこの決定に先立ち、8 月 15 日の「光復節」の演説で、対日批判を抑制し、「日本が対話にでれば、喜んで手を握る」と述べましたが、日本側はこれに無反応だったことが決め手になったそうです。しかも、この演説草稿は事前に日本側に伝えてあるとのことでした。ただし、韓国側がこのシグナルの意図をどれだけ熱心に伝えようとしたかは不明です。

　日本側は文在寅政権が今まで幾度も協定違反を重ね、そのつど痛烈な対日批判を繰り返してきたという認識があるので、この呼びかけの真意を測りかねたようです。韓国側が真剣であれば、外交ルートを通じて明瞭な働きかけがあってしかるべきであったと述べています。韓国側の言い分は日本側には言い訳としか受け取られませんでした。

　ここでも、双方の前提の違いが、相互理解の足かせになっていることがわかります。日本側からすれば、大統領の発言を「とても意味あるシグナル」とは考えられなかったようです。韓国側は日本側にこれを「とても意味あるシグナル」と思わせるために、水面下の努力が必要だったのかもしれません。両国の外交のプロは面子を捨てて、問題の解消に努めることが大切なのです。

　人間はさまざまな前提をもって生きています。それは各人が所属する民族社会で学習した文化的価値の体系でもあるし、各人が社会的経験のなかで積み上げてきた人生訓のようなものでもあります。人びとはそれに基づいて世界を理解し、それにそって発言や行動をしようとします。他の方法は眼中にないのです。

ただし、文化や経験が違うと、各人の前提はかなり違ったものになるはずです。しかし、多くの人びとは、そのことにまったく気づかないようなのです。私たちはコミュニケーションで問題が生じ、その原因を考えるときにはじめて、前提がもつ拘束力と前提の共有がいかに重要であるかに気づくのです。ここに失敗から学ぶ意義があります。

　このことは、異文化間ビジネスのなかで、かなり以前から問題になっていました。アメリカの企業がギリシャに進出すると、アメリカ人の上司とギリシャ人の部下とのあいだで、単純なレポートの提出期限をめぐってこんなできごとが起きました。ギリシャでは上に立つ者は権威をもってふるまうものとされ、アメリカでは参加型の意思決定がよしとされています。ここでは、アメリカ人もギリシャ人も自分の前提に基づいて発言し、相手の発言を解釈しました。以下は、その結果です[7]。

1. American: How long will it take you to finish this report?（このレポートは何日かかりますか。アメリカ人の思い：部下の参加意欲を高めるために選択の機会を与え、その判断を尊重しよう。この問いを聞いたギリシャ人の印象：この上司は不可解だ、期日を指示するのは上司の役割ではないかと思う）

2. Greek: I do not know. How long should it take?（わかりません。どのくらいでいいのですか。ギリシャ人の思い：指示を求めよう。アメリカ人の印象：責任を取ろうとしないのか）

3. American: You are in the best position to analyze time requirements.（あなたがレポート作成に必要な時間を見込める立場にあるのですよ。アメリカ人：自分の仕事に責任をもつよういっておこう。ギリシャ人：ナンセンスだ。まだ指示しようとしない）

4. Greek: 10 days.（10日です。ギリシャ人：適当にいっておこう。アメリカ人：彼は業務にかかる日数計算ができない。10日ではとても無理だ）

5. American: Take 15. Is it agreed you will do it in 15 days?（15日でいいです。15日でやると合意しますか。アメリカ人：15日としておこう。これは契約だ。ギリシャ人：やっと指示が出た。15日でやれというのか）

（報告書の作成は通常なら30日かかるものでした。ギリシャ人は日夜働きました。

15 日後に、もう 1 日必要でした）

6. American: Where is the report? （レポートはできていますか。アメリカ人：契約が守られているか確認しよう。ギリシャ人：報告書が求められている）

7. Greek: It will be ready tomorrow. （明日できます。ギリシャ人：もう 1 日かかる。アメリカ人：仕上がっていないな）

8. American: But we had agreed it would be ready today. （でも、今日用意すると合意しましたよね。アメリカ人：契約を守ることの重要性を教えてやる。ギリシャ人：この上司はどうかしている。間違った指示を出したうえに、30 日分の仕事を 16 日で仕上げたことを評価していない）

（これを聞いて、ギリシャ人は正しい指示も出せない上司の下では明日はないと思い、辞表を出しました。アメリカ人は訳がわからず、ただ唖然とするばかりでした。）

　ここでは、アメリカ人もギリシャ人も、それぞれの企業文化とビジネス慣行が違うことを意識することはありませんでした。アメリカでは、社員が業務に積極的に参加するように、上司は部下の自由裁量の幅を広げようとします。ギリシャでは、上司が部下に適切な指示をすることが期待されているのです。それぞれが違った前提に立ち、相手の発言を自己流に解釈していたのです。前提の違いを意識し、相手の立場に立つ訓練が求められる所以です。

4. コミュニケーションの橋立

　これに関連して、もうひとつの事例を検討しましょう。

【事例 10】
　これは文化として培った「前提」を修正することがいかに困難であるかを示しています。2007 年のこと、ある日米姉妹都市間で「誤解」が生じました。日本の X 市はアメリカの Y 市からこんなメールをもらいました。すこし長いので、要点のみを記します [8]。

... As you may be already aware, the City of Y has suffered a catastrophe in the past two days due to various fires that have not been contained yet around our City and that have already destroyed hundreds of homes. Our Mayor and our City Staff have been and will be focused in aiding our Citizens in this time of emergency ... As of right now, [our mayor's] participation at the meeting with [your mayor] on Friday and the signing ceremony on Sunday is still on, however [9], please know that against our desire, and solely depending on our disaster situation, we may have to cancel [our mayor's] participation .... We truly hope that by Friday our situation will be that of non-emergency and that we will be able to continue forward with the festivities. Thank you very much for your kind understanding & we look forward to hopefully celebrating our 50th Anniversary at the end of this week ....

（……ご承知と存じますが、Y市はこの2日間、[山火事による]大災害に見舞われております。市の周囲で火災がまだ鎮火しておらず、すでに数百戸の家が焼失しております。市長や市職員は、非常事態のため、市民の救援に全力を挙げております。……現時点で、[当]市長が参加する、金曜日の[貴]市長との面会と日曜日の調印式は、予定通りとなっています。しかしながら、災害の状況によっては、私たちの意に反して、[当市長の]参加をキャンセルすることがあることを、どうかご理解ください。……金曜日までにはこの非常事態から脱し、即座に祭典を続行できることを、私たちは心から願っております。寛大なご理解にとても感謝します。そして今週末に50周年祭を祝えることを、私たちは願い、楽しみにしております）

　日本側の担当者はこのメールを読み、同市長の姉妹都市50周年記念式典への出席を突然キャンセルしてしまいました。これを聞いて、米国側の関係者はびっくりしたそうです。日本側はこのメールを「来ないでください」のメッセージと判断したそうですが、米国側にはそのような意図はまったくなかったようです。
　このメールには、式典キャンセルの意図は明言されていません。どこをどう

読むとそういう解釈ができるのでしょうか。それは日本側の前提にあるようです。日本では、大災害や大震災が発生すると、近隣あるいは全国で式典などをとりやめる傾向にあります。被災者の苦境を 慮 って、華々しい行事を慎むのです。

　すなわち、こんな大変な時期に式典はできない、相手もそう思っているはずである、という思い込みです。また、このような非常事態のときに訪問しては、相手に迷惑をかけることになる、という気配りもあったようです。これは人情（人はみな同じように感じ、考え、行動する）であるという思いもあったのでしょう。そして、相手の気持ちを察し、こちらから気をきかせて式典のキャンセルを申し出たと思われます。相手が言いにくいことを察してあげる、という判断です。

　ところで、日本側はどうして自分の解釈を相手に確かめようとしなかったのでしょうか。これには「面子」の意識が関係していると思われます。相手の意思を確かめるために返信すれば、相手の説明不足を暗示することになり、相手の面子を潰すことにつながります。場合によっては、同時に、こちらに十分な解釈能力がないことも露呈するので、こちらの面子も潰すことになります。確かめたくても、確かめられなかったのでしょう。

　このような誤解に基づく行動を避けるのには、どうしたらよいのでしょうか。同一文化内でも、異文化間でも、コミュニケーションで一番大切なことは、相手の意図が明示されていない場合には、それを察するのではなく、ことばで確かめることです。それはけっして失礼な行為ではありません。自分の前提と相手の前提は、必ずしも一致しているとはかぎらないのです。

　この件では、こんなメールをすぐさま返信して、確実な事情をつかむ努力をすべきでした。

We have received your latest email with strong concern. We sympathize with you over the catastrophe your City has suffered. At the same time, we are encouraged to learn that your mayor and your city staff have been doing everything you can to minimize the damage and restore the safety of the city. Under these circumstances, we fully understand your position if you

wish to cancel or prolong our mayors' meeting on Friday and signing
ceremony on Sunday. Please let us know.

　　（先ほどのメールを拝読し、私たちは深い同情の念を禁じえません。あなた方
の都市の被災にあたり、心からお見舞いを申しあげます。同時に、市長をはじ
め市職員が一丸となって、被害を最小限にくいとめ、安全を回復する努力をな
さっていることに、強く印象づけられました。このような状況では、あなた方
が金曜日に予定されている両市市長の会談、そして日曜日の調印式を中止、あ
るいは延期することを希望するならば、私どもは十分に理解いたします。どう
かお知らせください）

　このように、特にビジネスや行政やその他の組織で国際関係にかかわる部署
では、双方向のオープンチャンネルを常に確保していなければなりません。そ
のためには、日ごろから、積極的におつきあいを重ね、人間関係を良好に保つ
ことが望まれます。これらはすべてコミュニケーションにかかわることなので
す [9]。

　人びととの出会いと交流において最も有効なソフトパワーは、コミュニケー
ション能力です。ところが、コミュニケーションはあまりにも普遍的で日常的
な行為であるため、その仕組みと働きを把握することはきわめて困難です。コ
ミュニケーションの目的をしっかりと認識して、それを達成するのにはどのよ
うなコミュニケーションの方法が適切かを常に考えましょう。

5. グッドリスナーになる

　ところで、多文化共生時代のコミュニケーションでは自分のことをいうだけ
でなく、相手のいうことに耳を傾ける態度が求められます。近頃は、自己主張
する人は増えていますが、他人の話を聞く人は少なくなっているようです。従
前は、お互いに相手の話を聞くのがよしとされていましたが、今ではそうでは
なさそうなのです。

　学校や大学でも、話し方（speech）、自己主張（self-assertiveness）、ディベー
ト（debate）の訓練は盛んであっても、聞き方を学ぶ授業はみかけません。こ

れはいったいどうしたことなのでしょうか。私たちは同一文化内でも異文化間でも人間関係やビジネスのコミュニケーションで、聞くことがいかに重要であるかを再認識する必要があります。

（1）なぜ人は他人の話を聞かなくなったのか

よく考えてみると、私たちは自己表現の価値をさんざん聞かされてきました。それで、自分のことさえうまくいえれば、他人に耳を傾ける必要はないと思うようになったのでしょうか。会社などでは、年功序列の制度が崩れ、競争があたりまえになると、自分のことを考えるのに精一杯で、他人のことを心配している暇はないと考えるのでしょうか。

対面でもオンラインでも意見交換会などでは、相手の話を聞きながら、自分が次に何をいうかを考えているひともいるようです。相手の話の腰を折り、自分の意見を挟み込むのは普通のことのようです。話題をそらしたり、つまらなさそうな素振りをしたり、よそ見をしたり、スマホから目を離さないことすらあります。

このような自己中心行動には、ICT（情報通信技術）の普及も関係しているでしょう。最近のソーシャルメディアは大音量のメガフォンなのか、反対意見をかき消します。若者の会話は電話よりも、ショートメールの応酬が主流で、じっくり話しあう文化とは異なります。イヤーパッドをつけっぱなしで、お気に入りのリズムやメロディーやラップにしか興味がないようです。

まさに、孤独のワナにはまった感があります。これは企業内のタコツボ化を生むことにつながります。アメリカの公衆衛生の専門家は、この現象を孤独伝染病（epidemic of loneliness）と呼んでいます。このために、日本でもアメリカでも、「聞く耳をもたない」人が増えているのではないでしょうか。しかし、これは人間として健康な状態とはいえません。

（2）聞くことの意義

聞くことは、話すことと同等の価値があります。聞きそこねたために、争いになったり、商売で損をしたり、大切な友人を失ったりすることは多くの人びとが経験しています。聞くことは他人との交流、共感、協力、そして人間とし

ての成長に欠かせません。それは社会の営みのなかで、人間関係の基本といってもよいでしょう。

　それでは、どのような聞き方がよい聞き方なのかと問われても、なかなか答えが思いつきません。聞くとは、単に相手の言い分を黙って傾聴するだけではありません。相手にどう反応するかが重要になります。相手の考えがよくわかると、その過程で自分の考えも自覚できるのです。聞くことは、相互作用の原動力なのです。

　グッドリスナーとは相手の話に興味をもち、適切な応答で、相手の言いたいことを引き出す人です。ビジネスのつきあいでは、グッドリスナーにあたると、相手がうまく切り込んでくれるので、自分の思っていることが明確になり、商機の思考が鮮明になります。コンセプトの核が固まると、付随事項にも考えが及びます。

　グッドリスナーと話すと会話が弾むので、話し手は自分の話をよく聞く人には多くの情報を自ら提供することになります。それは広範に、しかも詳細にわたります。反対に、気もそぞろな聞き手には、話し手は多くを話したがらないし、話したとしても焦点が合いません。このように、コミュニケーションは話すことと聞くことの両輪で支えられているのです。

　聞き方のいかんによっては、自分の人生が左右されるともいえます。話がつまらないからとか、価値がないからといって相手の話を聞かないような人は、相手にもそういう態度をとらせます。他人の話をよく聞く人は、他人もその人の話をよく聞きます。波長が同じだと、話しやすいし、聞きやすいのでしょう。礼には礼で報いるのです。

　人間の脳は話すよりもずっと速く考えることができるので、相手の話を聞きながらも頭のなかは脇道に逸れて、別のトピックを考えていることもあります。明晰といわれる人ほど、考えが駆け巡り、相手の話に注意できなくなりがちです。彼らは相手が次に何をいうかがわかると思いがちなのです。しかし、このような聞き手は相手の親近感も信頼も得られません。

　リスニングは、スキルです。他のスキルと同様に、トレーニングをしないと、聞く力は伸びないだけでなく、劣化することすらあります。社会経験の結果、聞き上手の人もいれば、聞き下手な人もいます。しかし、だれでも訓練しだい

で聞き方を改善することができます。まずは、イメージしてみましょう。自分の話を他人が興味深く聞いてくれたら、どんなにうれしいことか。黄金律に曰く、「己に欲するところを人に施せ」です。

人間は、多くの人の話を聞くことで成長します。人情の機微に触れ、「世界」のいろいろな側面を知ります。その経験は、協調的で創造的な人間関係を築く基本になります。人間関係やビジネスのコミュニケーションを考えるさいには、リスニングの問題を強く意識する必要があるでしょう。なによりも、リスニングは学びの活動なのです [10]。

6. ノンバーバルの信号に注意する

コミュニケーションでは、話し手も聞き手もことばと同時に、ことば以外の媒体にも依存しています。これはノンバーバル・コミュニケーション（Non-verbal Communication, NVC）と呼ばれます。事実、専門家によれば、コミュニケーションで言語的信号のしめる割合は30〜35％にすぎず、あとは非言語信号の働きになります [11]。

こうなると、リスニングでは相手の発する非言語信号に注意する必要があります。非言語信号はことばによるメッセージを裏付けし、それを補強するだけでなく、それを弱め、さらにはそれを否定するシグナルを発することもあるのです。ことばのなかに真意があるとはかぎらないというのは、このためです。ここで特に重要なのは、次の3つの要素です。

① 身振り（ジェスチャー、表情、まなざし、姿勢)
② 個人と個人の空間距離
③音調

すなわち、相手はどんなあいづちをうつのか、どんな表情をしているのか、どんな視線の配り方をしているのか、どんな姿勢で話し、聞いているのかなどは、それなりに重要なメッセージを伝達しているのです。話し手は聞き手の、そして聞き手は話し手の非言語シグナルに注意しなければなりません。

聞き手が話し手に対してとる距離も、意味がある場合が多いようです。一般に、近い距離は相手の話を聞く意思を表し、遠い距離はなにかの理由で「聞く耳をもたず」ということでしょう。話し手から学ぶ意思があるならば、好感をもって話してもらうように、距離の調整をするのが望ましいでしょう。聞き手は話し手に対して、フィードバックをすることが求められるのです。

　ことばの音調も多くのことを語ります。人はことばと音調が一致すれば、ことばどおりに意味をとります。ことばと音調が合わないと、音調が伝えることを真意と解釈しがちです。話し手が聞き手に意見を求めたときに、聞き手が「賛成です」と答えたとしても、言い方によっては意味は真逆になることもあります。

　子どもが母親に「お母さん、怒ってるの」と聞き、母親が「怒ってなんかいないわよ」と答えたとき、子どもは母親のことばではなく、その音調で真意をつかむものなのです。このように、人間はコミュニケーションでことばだけでなく、身体や身の周りのいろいろなものを伝達の道具として駆使します。

　なかでも、ジェスチャーは重要です。怒りや悲しみなどの感情や、決意や願いなどの意思を表現します。2021年にミャンマーで起きた国軍によるクーデターに対して、市民は抗議デモを繰り返しました。このなかで人目を引いたのは三本指（人差し指、中指、薬指）を立てるジェスチャーでした。ミャンマーやタイでは、このジェスチャーは反クーデター、反抑圧、そして反軍事政権を意味するそうです (12)。

　このジェスチャーは国内のみならず、国際的な場面でも使われます。同年、ミャンマー情勢を議論する国連総会の会合で、同国の国連大使は三本指を立てて、クーデターに抗議しました。また、同年、千葉市で行われたサッカー・ワールドカップ・アジア2次予選の日本対ミャンマー戦で、選手のひとりが国歌斉唱中にこの合図を送る姿がテレビに映し出されていました。

　リスニングでは、聞き手は話し手のことばと他のシグナルの全体を受け止めます。そして、その意味と言外の意味合いを咀嚼し、自分のものとします。その過程で、疑問や確認のことばを発したり、賛成や反対のコメントを述べたりします。このバーバル・ノンバーバルによるフィードバックはきわめて重要です。話し手はこれにより、自分の考えを再整理することができるのです。

7. e メールコミュニケーションについて

ところで、現在、私たちの個人関係やビジネス関係では、e メールコミュニケーションがふつうになっています。e メールの交換は、コミュニケーションをスムーズに行うという価値観を前提としています。これをよく理解しないと、複雑な問題を生むことになります。ここで、そのいくつかを考えておきましょう。

（1）必ず返信する

まず、受信したメールに返信をしない、また返信に遅れをきたすと、どんなことになるでしょうか。たいがいの場合、仕事に関連したメールの送信者は受信者に対して、返信を期待しています。提案、依頼、情報などを送信しているので、フィードバックを期待するのは当然のことでしょう。その意がかなわないとなると、内心穏やかではありません。

アメリカのある調査によると、アメリカ人は職場で1人平均199本の未読メールを受信箱に溜めているとのことです。そして、ジャンクメールは別として、メールを無視することは、街で同僚や関係者のあいさつを無視することと同じくらい「無礼」（rude, uncivilized）であるという啓発が行われています。また、マイクロソフト社の調査で、社内のチームのメール習慣を調べたところ、非効率的なマネージャーほどメールの返信がない、遅いということでした。

メールの無視や返信の遅れは、それだけで相手に「自分のメールを重要と考えていない」という言外のメッセージを伝達することになります。これは「無礼者」に対して、さらに好ましからぬ人物評価の基になりがちです。カナダのコミュニケーション学者マーシャル・マクルーハン（Marshall McLuhan）は1960年代に、「メディアはメッセージである」（The medium is the message.）という至言を残しました。

これは21世のグローバル・デジタルコミュニケーションで、大きな意味をもつでしょう。グローバルにビジネスを展開していれば、世界諸国の企業からメールが届きます。海外からの重要な注文のメールを無視した（あるいは見そ

こなった）結果、計り知れない損失をこうむった事例は後を絶たちません。また、深刻なクレームに返信が遅れることは、企業の社会倫理に反します。

返信をきちんとする人は、「仕事に責任感をもつ」（conscientious）、「手際のよい」（organized）、「頼りがいのある」（dependable）、「勤勉である」（hard-working）、「思いやりがある」（He/she cares about me.）といった印象を与えるはずです。「波長が合う」「信頼できる」「一緒に仕事がしたい」ということにもつながります。

返信がないとか遅い人に対しては、その逆の評価がなされます。また、返信がないとか遅いとなると、「この問題に関心がない」「これは自分のマターではない」といったメッセージを伝達することになります。日本では、返信しない理由として「聞き（読み）おく」をあげる人がいますが、これも上記のメッセージと同じことなのです。

このように、メールにきちんと返信するか、しないかは、それぞれ重要なメッセージを伝達します。「すべての事物には値段がある」（Everything has a price.）といわれるように、すべての行為は、メリット・デメリットの代償をともないます。メールにどう対応するかは、各人にとって重要な選択であると意識すべきでしょう。短い返信（「現在考慮中」）でも、するかしないかは大違いです。

職責によっては、毎日多くのメールが届き、すべてに速やかに返信できないし、無限に返信ばかりを書いてはいられないということもあるでしょう。アメリカでは、夜間と週末のメールチェックを禁止している会社もあります。働き方改革の一例です。上司（マネージャー）がメールに没頭した日は、部下とのプロアクティブなコミュニケーションに支障をきたし、その日のチームの業務目標が達成しにくくなる、という調査もあります。

どのメールに、いつ、どのように返信するか。これはすべての個人、企業人に求められるデジタルリテラシーの重要な一部なのです。企業内では、こういった問題について、明確なポリシーを定めるべきでしょう。コミュニケーションはビジネスの要です。その出来、不出来はビジネスに直結します。それゆえ、それは企業マネジメントの重要な課題といえます。

（2）企業の e メールコミュニケーション・ポリシーの自己評価項目

　企業内の e メールコミュニケーションのあり方を考えるためには、現状の自己評価をするのが便利です。総務部（あるいはコミュニケーション所轄部署）からメールで全社員に配信し、しかるべき部署でフィードバックを検討することです。そして、これを機会に自社の国際コミュニケーション戦略を議論し、そのなかに e メールの問題を含める必要があります。

　次は自己評価項目の一例です。要は、各企業内の問題意識を反映することが望ましいでしょう。なお、以下では社員の自由なコメントを期待してオープンエンドにしてあります。

1. 会社は独自の国際コミュニケーション戦略をもっているか。
2. 会社に e メールコミュニケーションのポリシーが存在しているか。
3. 会社の国際コミュニケーション戦略のなかに、e メールコミュニケーションは組み込まれているか。
4. 会社の取締役会の議題に e メールコミュニケーションの問題が入っているか。
5. 会社の各部門で e メールコミュニケーションのあり方を議論しているか。
6. 新入社員に対して、会社あるいは部門の e メールコミュニケーションのあり方や書き方について、研修を行っているか。
7. 会社全体あるいは部門で、e メールコミュニケーションの成功例や失敗例を共有する機会があるか。
8. 外国語による e メールコミュニケーションで問題が生じたときに、相談できるように要員を配置しているか。
9. e メール、あるいはその他のコミュニケーションに関係する問題を相談できる環境がつくられているか。
10. メールを無視する、あるいは返信に遅れをきたすことの問題点を意識しているか。

　社員が発信する e メールは、会社のインテグリティに関わるさまざまな情報を伝達します。全社共通の e メールテンプレートをもつ必要があるかないか、

それぞれのメリットとデメリットは何かなどを含めて、社内で議論すべき話題はたくさんあるでしょう。その根本にあるのは、企業としてコミュニケーションを大切にする意識です。

(3) 紋切り型を越えて

　eメールについて、最後に一言。eメールの書き出しに、I hope this mail finds you well.（ご健勝のことと存じます）と始める人は多いようです。これは、Good morning. とか How are you? のように、あいさつのつもりなのでしょう。ですから、いくら気分が悪くても、How am I? I'm depressed.（具合ですか。参ってますよ）と返す人はいないように、いくら不幸に見舞われていても、Well, no, this mail does not find me well. I'm terrible.（とんでもない、すこやかどころか、さんざんですよ）などと返信する人は少ないようです。いわゆる紋切り型の定型文なのです。

　上記の1 (2) の人間関係のコミュニケーションで述べたように、あいさつは相互の信頼関係を確認する儀式だからです。また、この儀式を守るということは、社会の一員として社会の規範に同調していることを伝えるのです。つまり、自分はあなたと同じ価値観を有しているので、安心しておつきあいくださいということです。

　それにしても、コロナ禍のときのように、人びとが困難に対峙しているときには、I hope you're as well as you can be in these trying times.（困難な今日このごろですが、いつもと変わらずお過ごしのことと思います）のように、個人的に一工夫あってもよいでしょう。人びとはeメールに多くのことを読み込みます。返信の有無や速度のみならず、内容にはいろいろと注意するものです。自分なりのスタイルを考えてみてはどうでしょうか。

おわりに

　グローバル英語コミュニケーションでは、いろいろなコミュニケーション・スタイルが運用されます。そのどれが正しいということはありません。お互いに違いを認め合い、相互調整の努力をしなければなりません。前提についても

同じです。そして、不明なことは、ことばで確かめ合うことが求められます。文化を越えると、「言わなくてもわかる」はずはないのです。

■注

(1) Tannen (1986), p. 21.

(2) Tannen (1986), p. 21.

(3) Tannen (1990), pp. 49-50. 本書は男女のコミュニケーション差を話題にしながら、日常的な事例を理論的に分析しており、コミュニケーション・スタイルの勉強に大いに役立つ。加えて、Tannen（1994）も推したい。Hall（1977）はハイコンテキストとローコンテキストの概念を例示し、現在でも有効。また、Hofstede（1991）はビジネスコミュニケーションの研究に必携。

(4) AI 研究者、黒川伊保子原案の映画『女の機嫌の直し方』(2019 年) は、男女コミュニケーション・スタイルの違いをおもしろおかしく描いている。

(5) インドネシア語の会話を英語に直したもの。Honna, Kirkpatrick, and Takeshita (2018), pp. 75-76.

(6) Honna, Kirkpatrick, and Takeshita (2018), pp. 12-13.

(7) Harris and Moran (1990), pp. 256-257.

(8) 本名（2013）、pp. 73-76.

(9) 本名（2013）、pp. 73-76.

(10) TV ドラマ『深夜食堂』のマスター（小林薫）は、相手の話をよく聞く。夜 12 時から朝 7 時ころまでが営業時間のこの店は、常連客が多い。彼らは気になることをカウンター越しのマスターにもらす。マスターは相手に目をやり、じっと話に耳を傾ける。無駄に口を挟むことはない。「で、あんたの気持ちはどうなんだ」「その人はどう思ってんだろうか」と話し手の考えを促すことをいう。自分の意見をいったり、相手の欠点を指摘したり、相手を諭すことはまずない。相手が話し始めたら、そっと視線を逸らし、相手の緊張感を解く。相手がひと段落つくころには相手に視線を戻す。波長を合わせる極意である。

(11) ノンバーバル・コミュニケーションの概要については、本名（2011, 2012）参照。

(12) 事実、タイのバンコクでも同年、民主主義を求める反政府デモ隊は三本指を高々と掲げていた。なお、このジェスチャーは映画『ハンガー・ゲーム』からきたという説、フランス革命の自由、平等、友愛からきたという説もある。

■参考文献

本名信行（2011）「手話とノンバーバル・コミュニケーション」本名信行・若狭妙子『手話コミュニケーションと聴覚障害児教育』文理閣、pp. 14-70.

本名信行（2012）「ことばによらない伝え合い」本名信行・竹下裕子・三宅ひろ子・間瀬幸夫編『企業・大学はグローバル人材をどう育てるか―国際コミュニケーションマネジメントのすすめ』アスク出版、pp. 171-180.

本名信行（2013）『国際言語としての英語』冨山房インターナショナル

Grice, P. (1989). *Studies in the Way of Words.* Harvard University Press.（清塚邦彦訳『論理と会話』勁草書房、1998）

Hall, E. T. (1977). *Beyond Culture.* Anchor Books.（岩田慶治・谷泰訳『文化を超えて』TBS ブリタニカ、1979）

Harris, P. and Moran, R. (1990). *Managing Cultural Differences.* (2nd ed.) Gulf Publishing Company.

Hofstede, G. (1991). *Cultures and Organizations.* McGraw-Hill.（岩井八郎・岩井紀子訳『多文化世界』有斐閣、1995）

Honna, N., Kirkpatrick, A., and Takeshita, Y. (2018). *Across Cultures.* Sanshusha.

Lakoff, R. (1975). *Language and Woman's Place.* Harper and Row.

Murphy, K. (2020). *You're Not Listening: What You're Missing and Why It Matters.* Harvill Secker.

Murphy, K. (2020). "Talk less. Listen more. Here's how." *The New York Times International Edition.* January 10, 2020, p. 11.

Tannen, D. (1986). *That's Not What I Meant!* Ballantine Books.

Tannen, D. (1990). *You Just Don't Understand.* Ballantine Books.

Tannen, D. (1994). *Talking from 9 to 5.* William Morrow and Company, Inc.

第6章 | 現代英語はどういう言語か

はじめに

　私たちが21世紀の多文化共生時代に学ぶ英語とは、どういう言語なのでしょうか。英語の学び方や教え方は、これをしっかりと理解することからはじまります。また、このなかで、英語にかかわる言語と文化の関係、いろいろなコミュニケーション・スタイルの特徴、そして世界の話し手にみられる発音、語彙、文法、意味、言い方の違いなどの問題に、適切に対処する態度と能力を身につけることができるでしょう。

1．英語の普及と適応

　現代英語は2つの傾向をもっています。それは今までの言語の歴史のなかで、どの言語も獲得したことのないダイナミズムです。第1は、英語の世界的普及（global spread）です。第2は、その多様な民族変種（national varieties）の発達です。英語の国際化は必然的に、その多様化を招いているのです。一方を得ることなしに、他方を得ることはできません。

　英語はずっと以前から、イギリスやアメリカの国境を越え、世界の人びとのもうひとつのことば（additional language）になっています。世界の人びとは英語を使って、いろいろな国の人びとと交流を求め、深めています。21世紀の英語はグローバル、あるいは多国間コミュニケーションのことばとして、広域に確立しています。

　すなわち、日本人の立場からいうと、英語はアメリカ人やイギリス人とだけ話すことばではなく、アジア、ヨーロッパ、アフリカ、ラテンアメリカと、世

界のさまざまな地域の人びとを相手にすることばなのです。他のどの言語もこれほどの規模でこの働きをするものはなく、英語はまさに世界的な役割をはたしているといえます。

　同時に、英語は実に多様な言語なのです。アメリカ人がアメリカ英語、イギリス人がイギリス英語を話しているように、インド人はインド英語、フィリピン人はフィリピン英語、ナイジェリア人はナイジェリア英語、ガーナ人はガーナ英語を話しています。そして、世界の人びとはみな、独自の民族的特徴をもった英語をものにしています。

　つまり、英語の国際化は、アメリカ英語やイギリス英語が一枚岩の世界言語になったのではありません。むしろ、それにより世界各地で英語が多様化し、さまざまな変種が発生しているのです。専門家はこの現象を世界諸英語（World Englishes）[1] と呼んでいます。英語が複数形で示されていることに注意してください。

2. 世界諸英語

　世界でいろいろな人びとが英語を学習するようになると、その英語はいろいろな国の文化のなかに組み込まれ、多かれ少なかれ、それぞれの文化的特徴を反映することになります。これは英語の文化間変容（intercultural adaptation）、あるいは英語の再文化化（reculturalization）といえるでしょう。学習者は自然に、自分に合った英語を創造するといってもよいでしょう。

　なぜならば、現地の話し手がそれを学習しやすいように、使いやすいようにするためなのです。そして、そのようなプロセスを経て産出されるのが、それぞれの国（地域・地方）の英語変種ということになります（図1）。日本人は日本語と日本文化を土台にしてはじめて、英語を話すことができるようになるのです。

　ものごとが普及するためには、適応が求められます。日本にアボカドが入ると、私たちはそれにお醤油とワサビを添えて、和食に合ったものにします。外国からきたものを、日本風にアレンジしたものは、枚挙にいとまがありません。ことばもこれと似ていて、英語が世界に広まれば、各国の人びとはそれを自分

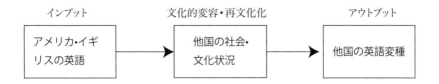

インプット	文化的変容・再文化化	アウトプット
アメリカ・イギ リスの英語	他国の社会・ 文化状況	他国の英語変種

図1　英語の普及と変容のプロセス

出典：本名編著（2002）、p. 7 を一部修正

のものにするために、いろいろと工夫を重ねます。

　この傾向は、英語を公用語（official language）や国内言語（intra-national language）として使用する国では顕著にみられます。アジアでいえば、インド英語、マレーシア・シンガポール英語、フィリピン英語などでしょう。同時に、同じような現象は、中国、韓国、日本のように、英語を国内言語ではなく、国際言語と考えているところでも生じています[2]。

　また、英語の話し手はネイティブよりもノンネイティブのほうがずっと多くなり、非母語話者は英語の新しい機能と構造を開発しています。このことは英語の多様化に拍車をかけます。私たちはこの事実を正確に認識し、英語の現代的、国際的役割を適切に理解する必要があります。私たちはそうすれば、英語を日本人のもうひとつのことば（Japanese language for international communication）として獲得できるはずです。

3.　インド人の英語対応

　この点で、インド人の英語の使い方はとても参考になります。インドの言語学者Ｓ・Ｋ・ダス（S. K. Das）はインド人の英語学習環境がインド化している現状を念頭に、次のようにいっています。たしかに、インド人はインドの言語文化の環境で英語を学習するので、英語のインド化は自然の成り行きでしょう。

　　How many of us can grow up, as a native learner does, in the company of English nursery rhymes, fairy tales, the Bible ... and English countryside?

There is a wide gap between two cultures, and our ability to master finer points of the English language must necessarily be limited, and we cannot but use it with a difference. [3]

（インド人の何人がイギリス人と同じような言語環境で育つのでしょうか。イギリスの童謡やおとぎ話、バイブル、そして田園風景といった環境のなかで。イギリス文化とインド文化には大きな隔たりがあります。そして、私たちインド人がイギリス英語の微妙な要素を習得するのには、当然のことながら、限界があります。私たちは英語を違うように使わざるをえないのです）

このことばをかみしめてください。これはインド人の専門家の一致した意見です。インド人とおつきあいをすると、こういった考えはごく当然であることがよくわかります。インド人の英語観は絵空事ではありません。現実的認識に基づいています。インドの文化社会のなかで、いかに効果的に英語を学習するかに気を配るのです [4]。

同時に、インド人はインド英語に熱い気持ちをいだいています。インド人独自のインド英語に誇りをもち、しっかりとした自己主張をしているのです。言語学者 R・R・メーロトラ（R. R. Mehrotra）は、インド英語の正当性について、次のように述べています。先に示した英語の普及と適応の論理を見事にとらえています。

What primarily concerns the majority of the speakers of English in India is the comprehensibility of their speech and writing on a pan-Indian basis .... This leads us to the inevitable conclusion that we have to develop our own norms of acceptability instead of seeking every now and then the opinion of native speakers.... We do not want our whole vocation to be an endless imitation of the Queen's English. The English used in India cannot but take its shape from the contextual spectrum of its speakers - their lifestyles, their thoughts, ways, and the very ethos they breathe. The norms of acceptability change from place to place and time to time. [5]

（大多数のインド人英語話者の主要な関心事は、彼らが話したり書いたりする

英語が広くインド全体で通じるかどうかです。私たちはこのために、インド人の語法規範をもたなければならなくなります。いつもネイティブ・スピーカーの意見を聞いているようでは困ります。私たちはさまざまな職業のなかで、絶え間なくクイーンズ・イングリッシュを模倣し続けるわけにはいかないのです。インドの英語は必然的に話し手の位置する状況——生活、思想、習慣、そしてなによりも人びとが呼吸する民族の精神——のなかで形成されます。語法の規範は場所や時代によって、変化するものなのです）

　実際、インド人の英語には、発音、語彙、意味、表現、そして文法などのさまざまな分野で、英米英語と違った傾向がたくさんみられます。そのほとんどは、現地言語の影響を受けたものです。次に文法面で、進行形の作り方の事例を検討します。私は初めてインドを訪問したときに、インドの旅行代理店でDo you have a branch in other cities?（他市にも支店がありますか）とたずねたことがあります。

　すると、Yes, we are having a branch in Mumbai.（ムンバイにあります）という返答がありました。もっとも、このような言い方はインド英語独特のものというよりも、ノンネイティブ・スピーカーに広くみられるものといったほうがよいかもしれません。このことは次の例をみればよくわかるでしょう。日本人もこういった言い方をすることがあります。

・進行形の使い方
　英米英語（BAE）では、動詞を静的動詞（static verb）と動的動詞（dynamic verb）とに区別して、前者は静的状態を含蓄するので、進行形を作らないというルールが存在します。しかし、インド英語（IE）（あるいはその他の多くの英語変種）では、そういった区別をせずに、すべての動詞で「進行中」という概念を進行形で表します。

(1) I am loving her.（あなたを愛しています）（BAE: I love her.）
(2) We are all missing you.（あなたに会いたがっています）（BAE: We all miss you.）

(3) I am having a cold. (カゼを引いています) (BAE: I have a cold.)

(4) You are resembling my sister. (あなたは私の妹に似ています) (BAE: You resemble my sister.)

(5) You must be knowing my brother. (あなたは私の兄を知っているでしょう) (BAE: You must know my brother.)

(6) India is having twenty-eight states and eight territories. (インドは28の州と8つの連邦直轄領をもっています) (BAE: India has ...)

(7) We are having a history of about five thousand years of maintaining this stagnant culture in the world. (インドは5000年の歴史をもち、世界のなかでこの独自の文化をゆっくりと守ってきました) (BAE: We have a history of ...)

(8) ...we are treating Muslims as a part of our community members ...and also we are respecting their culture and giving them national holidays... (私たちはムスリムを社会の一員として受け入れています。そして彼らの文化を尊重し、国民の祝日も設けています) (BAE: ... we treat Muslims ... and respect their culture and give them national holidays...)

なお、このような進行形の用法は、他の地域の英語にも広くみられます。あの広大なアフリカ大陸で話されているさまざまなアフリカ諸英語（African Englishes）でも共通項になっています。Kirkpatrick（2007, p. 110）は次の例を挙げています。

(9) I am having your book. (あなたの本をもっています)

(10) I am not liking the food in the hotel. (ホテルの食事は嫌いです)

インド人詩人のN・エザキール（Nissim Ezekiel 1924-2004）は「愛国者」（*The Patriot*）という珠玉の作品のなかで、この語法を十分に使いこなしています。

I am standing for peace and non-violence
Why world is fighting fighting
Why all people of world

Are not following Mahatma Gandhi

I am not simply understanding. [(6)]

（私は平和と非暴力を支持します。

どうして、世界は紛争を繰り返すのでしょうか。

なぜ、世界の人びとはマハトマ・ガンジーの教えを守らないのでしょうか。

私にはわかりません）

　ここでは、英米英語でいう静的動詞の stand、follow、understand と動的動詞の fight が進行形になっています。インド英語では、これらの静的・動的の区別をしていないことが、よくわかります。これらの区別は絶対に必要なものではなく、ましては優劣を決めるものでもありません。違いとして、ありのままに受け入れることが大切です。

　ところで、アメリカのマクドナルドの広告キャッチフレーズは、I'm lovin' it. です。やはり、かぶりつきの状況描写には進行形のほうがぴったりでしょう。また、アメリカ英語では、How are you liking our company?（会社はどう？）のように、like を進行形にすることもあります。あるアメリカ人ジャーナリストは "... 2020 is looking like 1968."（2020 年は 1968 年の様相を呈している）と書きましたが、... looks like ... よりも適切ではないでしょうか。

4. シンガポールから

　同様の現象はシンガポールでも起きています。シンガポールは多民族国家で、同国を構成する中国人、マレー人、そしてタミル人はそれぞれのあいだでは独自の民族言語を使っています。すなわち、中国語、マレー語、タミル語などです。しかし、英語は第 1 言語（first language）と制定され、国家統一の言語（language for national unification）という役割を与えられました。

　この都市国家が 1965 年に独立してからは、英語は政府、経済、マスコミ、そして教育の言語として、広く国民にゆきわたりました。そして、そこに発達したのは旧宗主国のイギリスの英語とは大きく異なる、シンガポール人特有のシンガポール英語でした。言語学者 M・テイ（M. Tay）は当時の英語状況を分

析して、次のように説明しています。

> The desire to be recognized as a Singaporean probably explains why the
> average educated Singaporean, including the language teacher, considers it
> important to aim at a standard indistinguishable from standard British
> English in the area of syntax but not in the area of phonology (pronunciation,
> rhythm, stress, and intonation) and vocabulary. [7]
> 　（たぶん、自分がシンガポール人であることをわかってもらいたいために、教
> 育を受けたシンガポール人は、英語教師を含めて、文法の分野では標準イギリ
> ス英語と同じ基準を目指しますが、音韻［発音、リズム、ストレス、イント
> ネーション］と語彙の分野では独自の基準を求めるのでしょう）

　ここでは、シンガポール英語とイギリス英語は文法の面では変わらないとあ
りますが、実際にはさまざまな違いがあります。それは特に話しことばの特徴
と思われがちですが、実は書きことばにもみられます。それらは、話し手や書
き手の母語の構造や傾向が、彼らの英語のなかに移行したものなので、移行特
徴（transfer features）などと呼ばれます。

　しかも、政府は Speak Good English Movement（正しい英語を話す運動）を展
開しており、Grammar Matters（文法はだいじ）として、学校でもイギリスの
「標準英語」の文法を学ぶように指導しています。それでも、英字新聞にさえ、
それとは違ったパターンがよくみられます。ここでは、主語と述語の動詞の
「数」が一致せず、直近の名詞と述語の動詞が一致する現象を考えます [8]。

・直近一致（adjacency agreement）
(1) Making reservations at high-end restaurants are a must in food-crazy
　　Singapore.（食道楽の多いシンガポールでは、高級レストランの予約は絶対に
　　必要である）
(2) The Singapore universities' drop in rankings were probably a result of the
　　change in assessment criteria.（シンガポールの大学のランキングの下降は、
　　たぶん評価基準の変化の結果である）

(3) When the prices of new cars rise, the value of used cars rise too. (新 車 が
値上げになると、中古車の価値も上がる)

(4) To Lausanne goes Singapore's hopes. (シンガポールの希望はローザンヌに
かかっている)

　これらで目立つのは、標準英語の文法の規則を破り、主語と述語動詞の数が
一致していないことです。(1) では、Making が主語なので、動詞は are でなく、
is でなければなりません。同様に、(2) ... drop ... was、(3) ... value ... rises の
はずです。(4) では、Lausanne が単数なので、動詞が goes になっていますが、
本来ならば hopes が主語なので、go とするところでしょう。

　しかし、これらの例をよくみると、共通の原理が働いていることがわかりま
す。主語を構成する名詞句で、動詞に近い名詞の数が動詞の数を決めているの
です。(1) では、Making reservations at high-end restaurants の restaurants が
複数なので、それに続く be 動詞が are になっています。(2) と (3) の場合も
同様です。(4) では、動詞の前にある To Lausanne が決定因子になっています。

　このような現象は、他の非母語話者の英語にもよくみられるもので、けっし
て珍しくはありません。従来はこれらを間違い（error）とか逸脱（deviation）
としてきましたが、現在はむしろ違い（difference）とか創造（creation）とみる
こともできます。それは、直近一致の原理（principle of adjacent agreement）と
でも呼ぶことができるでしょう。広い心でこれらに臨み、いろいろな適応を見
守ることが大切です。

　忘れてはならないことですが、英語では語順が重要な役割をはたします。こ
のために、文法的役割が変化することがあります。ずっと以前は、It is I. が正
しいとされていました。be 動詞のあとに来るのは補語なので、主格が適切と
されたのです。しかし、いつのまにか、主語＋動詞＋目的語の語順が英語の主
流になり、It's me. が文法的とみなされるようになりました。ことばは常に変
化しています。

　このようにして、これらのローカルで、ノンネイティブの表現は地球的規模
で、英語のなかにしっかりと溶け込んでいます。非母語話者は英語を多文化言
語として進化・拡大させていることがわかります。英語がノンネイティブ・ス

ピーカーの手に渡ると、彼らは独自の言語・文化・認知のシステムを利用して、ネイティブ・スピーカーが運用してこなかった語法を探求しはじめます。

　すべての言語において、ネイティブ・スピーカーが開発してきた部分は非常に限られた範囲です。考えてみると、すべての言語はその機能と構造において、無限の適応と変容の能力を持ち合わせています。その可能性を使いはたしてしまった言語は存在しません。現在ある言語の姿は、進化論的に、唯一で、最終的なものではありません。

5.　共通語は多様なことば

　英語のノンネイティブ・スピーカーはたいがい、母語に加えて英語を話すバイリンガルです。私たちは母語を土台にして、英語を学習します。その結果、各国の人びとは、その国の文化に適した、その雰囲気をもった英語を話すようになります。当然、日本人は日本人に合った、日本人らしい英語を使います。

　私たちは「英語は世界の共通語」と聞くと、同じ英語の言い方をしなければならないと思いがちです。しかし、よく考えてみると、多様な言い方が容認されていなければ、共通語とはいえません。たとえば、日本人が「私はあの会合に行きましたが、あなたはどうして来なかったのですか」と英語でいうとき、日本語のとおりに、I went to the meeting. Why didn't you come? といいたくなるでしょう。

　ところが、ネイティブ・スピーカーはこのことを、I was there. Where were you? といいます。そこに「行く」という動きではなく、そこに「いる」という存在としてとらえるのです。しかし、私たちはこのようなネイティブ・スピーカーの言い方を知らなくても、日本語の言い方で同質のメッセージを伝えることができます。世界中の人びとは同じようなことをしています。

　アフリカの偉大な作家チヌア・アチェベ（Chinua Achebe 1930-2013）は、この問題をもっと積極的にとらえ、次のようにいっています。もちろん、彼はここで創作について述べているのですが、同時に英語は多文化言語であるということにも言及して、ノンネイティブ・スピーカーは自分の英語のなかに、自分の言語文化を組み込むのは当然である、といいたかったと思われます。

My answer to the question, can an African ever learn English well enough to be able to use it effectively in creative writing?, is certainly yes. If on the other hand you ask: Can he ever learn to use it like a native speaker? I should say: I hope not. It is neither necessary nor desirable for him to be able to do so. (9)

（アフリカ人は英語を十分に習得し、創作活動でそれをうまく使いこなすことができるでしょうかという問いに対して、私の答えはもちろんイエスです。一方、アフリカ人はネイティブ・スピーカーと同じように英語を使うようになれるでしょうかという問いには、私は次のように答えます。そうなってほしくありません、と。アフリカ人がそのようになる必要もないし、それは望ましいことでもありません）

　皆さんはこれを読んでどう思いますか。あなたは、日本人はネイティブ・スピーカーと同じように英語を使う必要があると思いますか、ないと思いますか。その理由はなんですか。また、あなたは、日本人はネイティブ・スピーカーと同じように英語を使うことが望ましいと思いますか、望ましくないと思いますか。その理由はなんですか。

　ここで、彼は、ノンネイティブ・スピーカーはネイティブ・スピーカーと同じように英語を使う必要はなく、しかもそれは望ましいことでもないと述べています。私たちもこの精神を大切にすべきでしょう。事実、世界の人びとは、ネイティブ・スピーカーを模倣するために英語を学習しているのではありません。自分の意見や気持ちを幅広く伝えるためなのです。

　私たちは現在、英語を母語話者とよりも、世界のさまざまな国の非母語話者と使うことが増えています。異なる文化的背景をもつ人と、英語でコミュニケーションするときにいちばん大切なことは、お互いに相手を理解しようとする気持ちと能力です。これからの英語学習は、このようなことばの運用能力を獲得することを目指すべきでしょう。

　自分の価値や基準を相手に押しつけるといった態度では、コミュニケーションは深まりません。相手を理解しようという気持ちがあれば、発音や言い方、コミュニケーション・スタイルが異なっていたとしても、違いを乗り越えるこ

とができるでしょう。わからない表現があれば、聞いてみましょう。「こんなことを聞くと失礼になるのでは」などと心配する必要はありません。確かめあうこともコミュニケーションなのです。

　山田さんはタイに短期留学したときに、タイ人が英語のなかで Mai pen rai とよくいっているのに気づきました。英和辞書にないので、タイ人の学生に意味を聞くと、Never mind. とか You're welcome. の意味だとわかりました。あるとき、自分も使ってみたら拍手され、You're one of us. といわれました。タイ人の仲間になったような気がして、とてもうれしかったそうです。

　岡田さんはインドの会社に出張し、CEO と会談しました。CEO の業務提案は難題なので、それはちょっとできかねますと答えました。CEO はそれではもう話すことはないといい、部屋を出ていきました。岡田さんは訳がわからず、ただ当惑するばかりでした。このままでは帰国できないと思い、知り合いのインド人ビジネスパーソンに聞いてみました。

　すると、Saying "no" is too direct and confrontational for most Indians and they can feel offended.（インド人にとって「ノー」はとても直接的で対決的に聞こえるので、気を悪くする人もいます）というのです。岡田さんは、自分もいきなりノーといわれれば気分を害し、相手に対して親近感を失うことに気づきました。すぐに、CEO と連絡をとり、再度会合をもつことができました。そこで、I will try to do my best to find a mutually acceptable solution.（お互いに受け入れられる解決案を考えてみます）と述べ、ビジネスは進展したそうです。

　私たちが使う英語にも質問がくるかもしれません。ていねいに説明すれば相互理解だけではなく、お互いの文化を学ぶこともできるのです。英語を母語とする人もそうでない人も、相手の言い方に耳を澄ませ、多様な言い方を認めあい、寛容な態度でコミュニケーションすることが求められるのです。

　日本人は前日にご馳走になり、そこでお礼をいったのにもかかわらず、翌日に「昨日はどうも」ということがあります。Thank you for the dinner last night. It was gorgeous.（昨日のディナーありがとうございます。すばらしかったです）このような返礼の習慣がない外国人はこれを不思議に思い、You said that last night. Why do you say that again today?（昨夜聞きましたが、どうして今日もいうのですか）と聞き返します。

こんな説明はどうでしょうか。Under these circumstances, we say thanks again because we want to be polite. We cannot stop saying this in English, as we say in English what we say in Japanese. But younger generations may not have this politeness rule now.（こういった状況では、日本人はお礼を繰り返します。それが礼儀なのです。英語でも同じことをいってしまいます。日本語でいっていることを英語でもいいたくなるのです。でも、若い人はもう、このようなふるまいはしないようです）これを聞いたアメリカ人の友人はいつの間にか日本人に、Thank you for the dinner last night. などというようになっていました。

グローバル化は人びとの多文化間接触を助長すると思われます。これは世界各地で発達しつつある多文化共生社会にすでにみられます。この意味で、現代社会で広く求められる社会的能力は、一方が他方に同化する能力ではなく、相互の持ち味を調整する能力なのです。英語学習はまさにそれを経験し、実践する営みといえるでしょう。

おわりに

21世紀の多文化共生時代の英語学習では、さまざまな文化的背景をもつ人びと、それぞれがもついろいろな英語パターンを調整し合いながらコミュニケーションをはかる能力が求められます。これは多文化共生社会を生き抜く力と同様と思われます。21世紀の英語学習は、この社会力を獲得することと相似的関係にあるということでしょう。

■注
(1) この考え方の詳細は、第10章「世界諸英語論を学ぶ人のために」を参照。
(2) アジア諸国の英語状況、英語政策、英語教育、英語変種などについては、本名（2002、2003、2006）を参照。
(3) Das (1982), p. 145.
(4) インド英語の諸相については、本名・SHARMA (2021) を参照。
(5) Mehrotra (1982), pp. 170-171.
(6) Gargesh (2006), p. 106. ここでは world に定冠詞がついていないが、世界は1つなので、

固有名詞のような感覚で使われている。なお、fighting, fighting（争いばかりしている）は
繰り返し語法（syntactic reduplication）と呼ばれ、繰り返すことで「いつも」「とても」の
ような副詞的意味合いを醸し出す。

(7) Tay (1983), p. 55.

(8) Tan (2011), pp. 7-8.

(9) Jenkins (2003), p. 171.

■参考文献

本名信行編著（2002）『事典　アジアの最新英語事情』大修館書店

本名信行（2003）『世界の英語を歩く』集英社新書

本名信行（2006）『英語はアジアを結ぶ』玉川大学出版部

本名信行（2013）『国際言語としての英語』冨山房インターナショナル

本名信行・SHARMA Anamika（2021）『日本人のためのインド英語入門』三修社

Das, S. K. (1982). Indian English. In Pride (ed.), pp. 141-149.

Gargesh, R. (2006). South Indian Englishes. In Kachru, Kachru, and Nelson (eds.), pp. 90-113.

Jenkins, J. (2003). *World Englishes*. Routledge.

Kachru, B., Kachru, Y. and Nelson, C. (eds.) (2006). *The Handbook of World Englishes*. Blackwell Publishing.

Kirkpatrick, A. (2007). *World Englishes*. Cambridge University Press.

Mehrotra, R. R. (1982). Indian English: A Sociolinguistic Profile. In Pride (ed.), pp. 150-173.

Pride, J. (ed.) (1982). *New Englishes*. Newbury House.

Tan, L. (2011). Divergences in the English-language News Media in Singapore. *Asian Englishes,* Vol. 14, No. 2, pp. 4-20.

Tay, M. (1983). The Use, Users, and Features of English in Singapore. In Pride (ed.), pp. 51-70.

第7章 | メタファーの存在

はじめに

　私たちは日常生活で、メタファーをいたるところで使っています。私たちはこれを各自の英語にもちこみます。メタファーは文化に基づくものが多く、そのために異文化間英語コミュニケーションで齟齬をきたすこともあります。まずは、メタファーのことをよく知りましょう。そうすると、人間がどのように「世界」を理解しようとしているかが垣間見え、ますます興味をかきたてられるでしょう。

1. メタファーとは何か

　メタファー（隠喩 metaphor）とは、ある概念を別の概念で把握し、表現する仕組みのことです。これは人間のすべての言語に備わった装置なのです。それは人間が「世界」を「理解」する認知の組織ともいえます。抽象的（非物理的）概念を具体的（物理的）な概念に置き換えるのは、その典型的な例です。人間はこの方法で「世界」を理解してきました。

　そして、Aという概念（「人生」）がBという概念（「旅」）に見立てられると（LIFE IS A JOURNEY）[1,2]、AはBの枠組みでとらえられることになります（人生の出発点、終着駅など）。また、「愛」を「旅」にたとえると（LOVE IS A JOURNEY）、愛というとらえどころのないものが旅という身近な経験（恋路）としてとらえられるので、その諸相がより明らかになります。

・Look how far we've come.（ここまで来たね）

(1) 「ことばは弾丸」（WORDS ARE BULLETS）
アメリカ人はよく「いう」という意味で、shoot（打つ）といいます。

・Mr. President, I have a question. / Shoot. （「大統領、質問があります」「いってください」）
・I beg to disagree. / OK. Shoot. （「賛成できません」「けっこうですよ、いってください」）
・The press shot questions at me. （報道陣は質問を連発した）

どうしてこのような言い方が成り立つかというと、アメリカ文化ではことばを武器に見立てる習慣（LANGUAGE IS A WEAPON）があるからです。しかも、その背後には議論を戦争と考える発想（ARGUMENT IS WAR）があります。次の例をみてください。議論は戦争用語で語られています[4, 5]。

・I've never won (lost) an argument with him. （彼に議論で勝った［負けた］ためしがない）
・Your claims are indefensible. （あなたの主張は擁護しようがない）
・He attacked every weak point in my argument. （彼は私の議論の弱点をすべて攻撃した）
・I demolished his argument. （私は彼の議論を粉砕した）
・He shot down all of my arguments. （彼は私の論点をことごとく撃破した）

こうなると、議論を他の概念でとらえるのが困難になります。これは、ことばが認識を教示する一例です（第3章参照）。ですから、議論を論理的・理性的に運ぼうとする表現のなかにも、威嚇、脅迫、権威の誇示、侮辱、権威への挑戦といった戦争の手段が見えかくれします。次は、議論のなかに謀略や情報操作があることを示しています。

・The truth is always the first casualty. （真実は常に最初の犠牲者だ）

このことから、ことばや文化は外交、対外文化政策、あるいは国際コミュニケーション「戦略」で、soft power と呼ばれます。hard power（実際の武器）とは区別されますが、戦争の手段とイメージされていることには間違いがないでしょう。実は、このような見方はアメリカだけではなく、いろいろな国でみられます。

　中国では、国内外向けの英語放送を aircraft carrier（航空母艦）と呼んでいます。また、2010 年には CNC World という 24 時間英語ニュース局の開設を記念して、次の声明がありました。"China arms its top media with a new English-speaking global television and wishes more voices to be heard by the rest of the world."（中国はトップメディアを新英語国際テレビ局で武装し、より多くの声を世界に届けることを望んでいる）

　日本にも、鈴木孝夫『武器としてのことば』という名著があります。また、「切れ味鋭い論法」「返す刀で」「めった切り」「一刀両断」「（身を）かわす」のような言い方があります。議論を戦いや争い（論戦）にたとえていますが、真剣勝負のようなイメージなのでしょう。そして、ことばは剣（鋭い舌鋒）なのです。

　事実、私たちの活動は、war on poverty（貧困撲滅）や cancer fighter（ガンと闘う医師）など、戦争（闘争）のメタファーで満ち溢れています。物騒な政界は「一寸先は闇」で、いつ切りつけられるかわからないのです。『ジャパンタイムズ』の見出しにこんなものがありました（2021 年 5 月 1–2 日号）。Knives aren't out for Suga just yet after ruling party's defeats.（与党敗北後、菅狙いの匕首まだなし）

　2019 〜 2021 年の新型コロナウイルスの世界的流行（pandemic）にともない、世界の指導者はその撲滅を戦争と呼びました（We are at war!）。日本の感染率が少なかったことに対して、アメリカの通信社は、"The looming question is whether Japan has dodged a bullet or is about to be hit."（大きな疑問は、日本は弾丸を避けたのか、それともこれから被弾するかだ）などと書いたものでした。日本では、ワクチン不足を「弾切れ」にたとえた大臣もいました。Japan's vaccine arsenal（ワクチン兵器庫）では、ワクチンをはっきりと兵器にたとえています [6]。

また、2021年にクーデターが起きたミャンマーでは、詩人が詩を武器とし
て国軍に抵抗しています。『ニューヨーク・タイムズ国際版』（2021年5月27
日）は、poetry（詩歌）のことを unconventional weapons（非通常兵器）と呼び
ました。そして、Sensing the powers of carefully chosen words, the generals
have imprisoned more than 30 poets since the putsch...（慎重に選択されたことば
が強い力になることを感じ、将軍たちはクーデター以来30人以上の詩人を投獄して
いる）と報じ、殺害された詩人の次のメッセージを伝えました。They started
to burn the poets / But ash makes for more fertile soil.（彼らは詩人を焼いた / し
かし、灰は肥沃な土壌を助長する）

　ある大学教授は研究社『新英和大辞典』を持ち歩き、これを standing army
（常備軍）と呼んでいました。この人はおそらく、研究を戦いと感じていたの
でしょう。アメリカのTVドラマ『THIS IS US (Episode 2)』で、番組の責任者
が自分の指示をきかない出演者に、"I'll be forced to Nagasaki your life and
career."とか I Nagasaki'd him. などという場面があります。

　Hiroshima ではなく、Nagasaki を動詞に使い、「徹底的に潰す」の意味にし
ています。日本人が聞いたら、あまりいい気はしないでしょう。そうかといっ
て、"I can Pearl Harbor you." などと言い返すのも無粋というものです。メタ
ファーはことば遊び (7) として楽しむこともできますが、楽しいどころか人の
気持ちを傷つけることもあります。

　(2)「あと先かまわず話す」は Shooting from the hip
　また、アメリカでは西部開拓時代に、カウボーイが身の危険を感じると、腰
のピストルをすばやく抜き、相手に発砲しました。これは shooting from the
hip と呼ばれました。よく構えないで発砲することから、一発必中とはいかず、
何発か打ってやっと命中したのでしょう。流れ弾にあたった人もいたはずです。
恐ろしいことに、現在、これは「あと先を考えずにしゃべる、ふるまう」の意
味になっています。

・George's weakness is shooting from the hip. He just wants to be the first to
　raise a hand in the class.（ジョージの欠点はとっさに反応することだ。クラス

で一番早く手をあげたいだけなのだ）

・He's trying to answer but I think he's just shooting from the hip while hoping to think of an answer.（彼は答えようとしているが、どうも思いつきをいっているようだ。その間に答えを考えているのだろう）

さらに、shoot は比喩として、さまざまに使われます。

・She shot me a warning look.（警告のまなざしを向ける）
・I saw him shoot his hand into his pocket.（ポケットにさっと手を入れる）
・She shot to fame immediately after her role in his movie.（一躍有名になる）

アメリカでは、タクシーやバスの運転手が手指でピストルの形をつくり、路上で出会う同僚に向けることがあります。相手も返礼なのでしょうか、同様のしぐさをします。挨拶代わりで、友好関係（ラポール）を確かめあうとのこと。冗談にしても、西部開拓時代のガンファイトのイメージがこんなふうに拡大しているのは興味深いです [8]。

日本の大学で教鞭をとる知り合いのアメリカ人教授（女性）は、学生が宿題を忘れると両手で「マシンガン」をつくり、口で発射音を出します。ただし、アメリカでは最近、学校で生徒がこのピストルを向けるしぐさをすると、停学に処すところもあります。このジェスチャーを犯罪行為（criminal offense）とみなす裁判所の判例も出ています。

3. メタファーは日常茶飯事

（1）メタファーをエンジョイする

人間はメタファーで生活しているといってもよいでしょう。「人生観があまい」のように、味覚語彙は思いもよらぬところで使われます。「辛口の評論」「渋いネクタイ」などともいいます。そうかというと、This blouse is too loud for me.（このブラウスは派手すぎる）では、色彩を音で表します。

その色彩もいろいろなメタファーになります。As the graying of the

population progresses, Japan will see a rapid increase in the number of elderly people living alone.（日本が高齢化するにつれ、独居老人の数は急速に増加するだろう）では、高齢者（全体）をそのひとつの特徴である頭髪の灰色（部分）で示しています。これは、現在では、世界中で理解されるでしょう。

　また、He is in the pink of health. という言い方もあります。「健康そのもの」という意味ですが、欧米人の肌の色をもとにした言い方です。フィリピン英語では、No more green jokes, please!（卑猥な冗談はやめてくれ）ということがあります。green を卑猥と結び付けるのはスペイン語の影響だそうです。

　また、世界各地の英語は、それぞれ現地語のメタファー（隠喩）表現を取り込みます。そのために、現代英語は実に想像力豊かな表現世界を構築しつつあります。アフリカ英語の例をあげると、It's porridge.（お粥だよ）、あるいはHe has long legs.（足が長い）などがあります。日本人なら、I can do it before breakfast.（朝飯前さ）とか、He has a wide face.（顔が広い）というところでしょう。

　ネイティブ・スピーカーは、身体の部位を使った非常に多くのメタファー表現を生み出しました。He has a bitter tongue.（辛辣）、He has a sweet tooth.（甘党）、She has a green thumb.（園芸好き）、She has a sharp head (mind).（切れる）などです。ノンネイティブ・スピーカーも独自の世界観を基礎にして、多くの表現を生み出しています。

　スポーツメタファーも日常茶飯です [9]。アメリカ人はビジネストークで、野球用語をよく使います。日本人は野球好きなので、これらをエンジョイできるかもしれません。しかし、野球がそれほどポピュラーでない国の人びとは、これらに難儀することが予想されます。もちろん、日本人にもわかりづらい表現も散見されます。次の例はどうでしょうか。

・The request by the CEO for a new pricing strategy for our products came out of left field.（CEO の当社製品の新価格戦略要請は予期せぬできごとだった。［米国の球場はレフトが深く、レフトからの返球はめったにないことから］）

・We're here to bat ideas around.（私たちは自由に意見を交換するためにここにいる。bat ＝打つ）

- Let's touch base with our best customers.（優良顧客の意見を聞こう。touch base は 1 塁、2 塁、3 塁の順にベースを踏むことから）
- We struck out with that product, but we'll have a homerun with the next.（あの製品では失敗したが、次は大丈夫。strike out ＝三振、homerun ＝ホームラン）
- Our Vice President in charge of sales hasn't performed so he's being shipped down to the minors at another branch.（販売担当の副社長は業績を上げなかったので、他の支店に降格されようとしている。minors ＝マイナーリーグ）
- I've had a good run as president, but it's time to hang up my spikes.（社長として満足する仕事をしてきたが、もうリタイアしていいだろう。hang up my spikes ＝スパイクを置く）
- Howard hasn't worked out as a district manager, but Joseph is on deck.（ハワードは地区マネージャーをこなしきれなかったが、次はジョセフががんばるだろう。on deck ＝ネクストバッター・サークルで打順を待つ）
- The ball-park figure on sales this year is about 7 million.（今年の売上概算は 700 万ドル。ball-park figure は概算のこと。球場の広さはまちまちだが、それほど大差がないことから）

　日本語では相撲用語が日常生活の諸現象を表現しています。「横綱」「幕内と幕下の違い」「ふんどし担ぎ」「序の口」「他人のふんどしで相撲を取る」「同じ土俵に立つ」「ひとり相撲」「肩透かし」「勇み足」「うっちゃり」「痛み分け」「水入り」「番付」「番狂わせ」「軍配を上げる」「待ったなし」「土俵を割る」「行司役」、などなど。さすがに、300 年以上の伝統をもつ相撲の力でしょう。

　さらに、行動描写にも、よくメタファーが含まれています。break bread [(10)] は「食事をする」の意味です。I will break bread with him soon.（彼とは近々食事を一緒にするつもりです）食事をすることをパンをちぎるというのは、部分で全体を表していることになります [(11)]。しかも、これはイエスの弟子たちとの晩餐（「最後の晩餐」も含む）の故事からきたものと思われます。

　これらの晩餐会ではただ食事をするだけではなく、いろいろな問題の話し合いが行われました。つまり、break bread は単なる eat よりも、深い意味があ

るのです。次の文では、そのことがよく出ています。

> In a sign of the shifting U.S. position on Taiwan, Tokyo-based envoys from the two states have broken bread at Taipei's de facto embassy in the Japanese capital -- the first time ambassador-level diplomats have met there since 1979. (*The Japan Times*, 5/27/2021)
>
> 　(米国の台湾に対する立場の変化を示すかのように、両地域の日本勤務外交使節は事実上の在日台湾大使館で食事会をもった。これは 1979 年以後最初の大使級外交官の会合であった)

　なお、政治家や官僚は、自分の主張や政策をメタファーで語りがちです。これは市民にわかりやすく説明するためというよりも、コントロールを目的としているのです。日本のある政治家は、核に恐怖を抱く人のことを「核アレルギー」と呼びました。自分は健全で相手は病人と見立てることで、医師と患者のような主従関係を示したかったのでしょう。

　2021 年にミャンマーの国軍がクーデターで権力を掌握したさいに、軍の報道官は「木が成長するには雑草を取り除き、害虫を駆除せねばならない」と述べ、抵抗する市民の殺戮を正当化しました。人は殺せないが、雑草や害虫なら「駆除」できるのです。現代社会ではメタファーの働きに十分に注意する必要があります。

　(2)　かくれたメタファー

　ところで、メタファーはあまりにも日常的なので、その枠組みをつかむのはなかなか困難です。しかも、メタファーは幾重にも連なり、重なっていることが多いのです。そのために、ある言語表現を可能にする根拠を全体的にとらえるのはとても難しいことです。それでも、いろいろと注意していると、おもしろいことに気づきます。次の例をみてください [12]。

　1. He broke down. (彼は壊れた)
　2. He cracked up. (彼は砕けた)

これらは明らかに、メタファー表現です。まず、「彼」は人間ですから、壊れたり、砕けたりはしません。ここでは、「彼」は「精神」（あるいは「心」「気持ち」など）を指しているのです。さらに、1. は「精神は機械である」、2. は「精神はもろい物体である」という別個の見方の反映でしょう。

　ですから、1. は機械が故障したときのように、心身が無気力になった状態、2. は物が砕けて飛び散ったかのように、精神がおかしくなった状態を指します。このように、似たような表現でも、意味が微妙に違うのは、その基礎となったメタファーが違うからなのです。メタファーの勉強がいかにだいじであるかは、これでおわかりでしょう。

　世界で多くの人びとが英語を学習し、使うようになると、彼らはさまざまなメタファー表現を英語のなかに持ち込みます。これを混乱とみて制限する方法は、現代英語の論理から考えると適切とはいえません。むしろ、これらを理解しようとする態度と、その理解を助ける方法を学ぶことが望ましいと思われます。まずは、メタファーに興味をもちましょう。

　それでも、私たちはそこにメタファーがあることに、なかなか気づかないことがあります。たとえば、(1) Helen is sharp.（ヘレンは鋭い、切れる）を考えてみましょう。ヘレンは人間です。刃物ではありません。どうして、鋭いとか、切れるといえるのでしょうか。このような問いかけがだいじです。日常の何気ない表現を見直すのです。

　それは、ヘレンで彼女の頭脳を指しているからです。人間全体でその特徴である頭の機能を指すので、これはメタファーの一部であるメトノミー（換喩）の働きによります（注2参照）。さらに、頭脳は刃物にたとえられています。頭の働きの「考える」ことは、「切ること」であるという認識があるからです。このために、(1) は (2) Helen has a sharp head (mind). と同じ意味なのです。すなわち、人間でその特徴である頭を指すのです。

　ところで、日本人は (3) That restaurant is delicious.（あの店はおいしい）ということがあります。しかし、これはいつも間違いとされ、ネイティブ・スピーカーには通じないなどといわれます。なぜならば、「レストランは建物で、建物はおいしいはずがない」からです。しかし、よく考えてみてください。この文は、(1) とまったく同じメタファーの基盤をもっています。

ここでは、レストランという建物で、そこで提供される料理を指しています。ですから、(3) は、(4) That restaurant serves delicious cuisine. (あの店はおいしい料理を出す) のように言い換えることができます。すなわち、(1) を正しい文と判断するならば、(3) も正しい文ということになります。

日本人はまっとうなニホン英語など存在しないと、思っているようです。ニホン英語とよく呼ばれるものは間違いだらけの英語で、ネイティブ・スピーカーには通じないのだから、学生がそのような言い方をすれば、すぐに正す必要があると思っているのでしょう。しかし、そんなことはありません。日本人が編み出した言い方のなかには、おもしろいものがたくさんあるはずです。

だいじなことは、文の正しさは、話し手がネイティブ・スピーカーかノンネイティブ・スピーカーかという基準をもとにして、決めるべきではないということです。(1) は正しい、なぜならばネイティブ・スピーカーがいうから、(3) は間違い、なぜならばネイティブ・スピーカーがいわないから、という決め方はまことに不合理です。私たちはこういった見方を拒否すべきです。それは、「世界諸英語」(第 10 章参照) の正当性に反します [13]。

このような態度が現実世界で功を奏するためには、私たちはメタファーを十分に理解しなければなりません。そして、他の多様な文化を起源とする、耳慣れない表現に対して敏感に、そして寛容になる必要があります。この原理はノンネイティブ・スピーカーのみならず、ネイティブ・スピーカーにも同様にあてはまります。

こうしてはじめて、英語は国際コミュニケーションの言語として、文化を越えて機能するようになります。メタファーの知識は、私たちが世界の多様な英語を運用するのに欠かせません。次も、少しもおかしな文ではないはずです。The Arab street is angry, but the street is honest and sincere and we should listen to it. (アラブ諸国の群衆は怒っています。しかし、彼らは正直で、誠実です。私たちは彼らの声に耳を傾けるべきでしょう)「街」でそれを利用する「人間」を表しています。

さらに、メタファーは人間の思考と行動に大きな影響を与えます。私たちはバンコクに行っただけで「タイでは」とか、数人のタイ人としか交流がないのに「タイ人は」といいたがるのは、このような「部分で全体を代用する」とい

う認識装置が働いているからなのです。「一事が万事」という発想は、この経験律に基づいています。

　また、私たちは身体の名称をそれだけに限定せず、それに関連したいろいろなことがらに使用します。「頭がかたい」「顔が広い」「目が高い」「口が滑る」「首を突っ込む」「腹に収める」などなどです。自然言語の特徴のひとつは、一語一義ではなく、一語多義なのです。一語一義なら、いくら語句があっても足りません。酒カップをペン立てに代用する発想こそが、メタファーの経験的根源なのです。

おわりに

　世界の人びとが英語に投影するメタファー表現は実に多様で、興味深いです。私たちはこれらに遭遇することにより、いろいろなものの見方を知ることになります。まさに、グローバル英語コミュニケーションは学び合いの場でもあります。広い心をもち、いつでも、だれからでも学ぶという態度で接したいと思います。

■注

(1) Lakoff and Johnson（1980）によるメタファーの表記。本書は「メタファーとは人間がものごとを理解する方法である」と論じている。

(2) メタファーをもう少し細かくみると、メトニミー（換喩 metonymy）や、シネクドキー（代喩 synecdoche）がある。前者は、あるものをそれが有する特徴のどれかで表す言い方のこと。日本では国会議員のことを「金バッジ」というし、アメリカの刑務所では受刑者が A badge is coming. といえば、看守のことを指す。後者は、部分で全体（あるいは全体で部分）を表現する方法。英字紙は首都（Tokyo, Beijing, Jakarta など）で国（日本、中国、インドネシアなど）を表す。オリンピック・パラリンピックでは「日本、金」で国で個人を指す。「窓から顔を出さないでください」とは、「顔」で「頭」を指す。これらは A FOR B（FACE FOR HEAD）と表記する。

(3) Bokamba (1992), p. 138.

(4) Lakoff and Johnson (1980), pp. 61-65.

(5) レドラー（1992）の「なんて暴力的な英語」pp. 118-126 も参照。

(6) ただし、日本は二度と戦争をしないと誓った国。コロナに打ち勝つなどと勇ましいこと
　　はいうが、戦いの仕方は中途半端で、計画は精密さを欠き、戦略は無きに等しかった。戦
　　争の作戦は敵を知る（Know thy enemy）ことからはじまるが、これはうまくできたのか。
　　非常事態宣言は出せず、緊急事態宣言に留まった。作戦は後手後手にまわり、行き当たり
　　ばったりの感が拭えなかった。成田空港の PCR 検査で陰性であった入国者は 2 週間の自
　　宅待機が義務づけられているが、違反者が続出。しかも、これを規制する方法はないという。
　　なるほど、これではとても戦争はできない。もちろん、メタファーの戦争は本当の戦争で
　　はない。だから、気が緩むのも無理はない。それにしても、新型コロナウイルス感染状況
　　は有事であり、緊急事態であり、政府は戦争のつもりで、真剣に立ち向かってほしい。

(7) 筆者は入院中、ベッドで医師の治療を受けているさいに、間違ってナースコールを押し
　　てしまった。すぐに駆けつけたナースに、医師は「誤爆、誤爆」といって、帰ってもらった。
　　これは冗談（ことば遊び）か個人語（idiolect）かもしれないが、妙に感心してしまった。
　　考えてみると、ナースコールはナースステーションでは、攻撃（空爆）ととらえられてい
　　てもおかしくはない。関係者の気持ちをのぞいた気がした。

(8) 日本では、野球日本代表チームの侍ジャパンが刀らしきものをかまえるしぐさをしたこ
　　とがある。決戦のメタファーである。また、中学生くらいの男子生徒は親近感を示そうと
　　仲間の首をしめるしぐさをすることがある。人間とは真に摩訶不思議な動物である。

(9) スポーツメタファーは実に興味深い。パルマティア／レイ（1997）参照。

(10) 鈴木（1973）には、break の用法の文化論的な解釈がある。

(11) 日本語の「同じ釜の飯を食う」（部分）も、親しい共同生活の経験（全体）のたとえに
　　使われる。

(12) Lakoff and Johnson (1980), p. 28.

(13) 本名（2013）

■参考文献

鈴木孝夫（1973）『ことばと文化』岩波新書

鈴木孝夫（1985）『武器としてのことば』新潮社

鈴木孝夫（2008）『新 武器としてのことば』アートデイズ

パルマティア・R. A.、レイ・H. L.（1997）『スポーツからきた英語表現辞典』（本名信行、鈴
　　木紀之編訳）大修館書店

本名信行（2013）『国際言語としての英語』冨山房インターナショナル

レドラー・R.（1992）『クレージー・イングリッシュ』（本名信行、鈴木紀之訳）大修館書店

Bokamba, E. G. (1992). The Africanization of English. In Kachru (ed.), pp. 125-147.

Kachru, B. (ed.) (1992). *The Other Tongue*. University of Illinois Press.

Lakoff, G. and Johnson, M. (1980). *Metaphors We Live By*. The University of Chicago Press.
　　（渡部昇一、楠瀬淳三、下谷和幸訳『レトリックと人生』大修館書店、1986）

第8章　英語で自己表現してみよう

はじめに

　多文化共生時代の英語コミュニケーションでは、私たちは自分の気持ちや考えを、世界の人びとに説明することが求められます。日本人は長い間、英語下手を理由に、英語で発信することを極力避けてきました。私たちはこのメンタリティーを、なんとか乗り越えなければなりません。グローバル英語コミュニケーションでは、自己発信能力は必須です。

　本章では、英語を書く力をつける方法を考えます。英語を書くなんてとてもできないと思い込んでいるかもしれませんが、それは練習しだいです。ここでは、きっちり50語で書く Extremely Short Story Writing の創造的方法を紹介します。eメールコミュニケーションの時代では、書くことがとても重要になっています。

1．英語は日本人のもうひとつのことば

　現在の英語の国際的普及を考えると、英語は日本人にとって、もはや外国語ではありません。私たちは英語を日本人のもうひとつのことば（additional language）として、しっかりと認識する必要があります。もっというならば、English is a Japanese language for international communication. と考えて、英語の運用能力（working command of English）を高めることが重要です。

　以前に、阪神・淡路大震災（1995年）の模様を中学生の視点から報告するビデオを見たことがあります。日本語版では日本人の生徒がナレーションを吹き込んでいましたが、英語版になるとネイティブ・スピーカーのナレーターを起

用していました。製作者になぜ英語版も日本人がやらなかったのですかと尋ねると、「だって英語ですから」という返事が返ってきました。

　現在でも、この状況はあまり変わっていません。公共施設の案内放送や、企業や各種団体のプロモーション動画の英語ナレーションは日本人ではなく、ネイティブ・スピーカーがやっている場合が多いようです。日本人にその能力がないからではなく、英語は英米のことば（すなわち外国語）というイメージにとらわれているからでしょう。私たちは早く、こういった自己規制から自由になりたいものです。

　地方都市の産業や観光案内などの英語ホームページは、けっして十分とはいえません。企業やその他の組織でもほぼ同様で、英語による情報提供にはもっと工夫が必要です。せっかく、海外の関係者がインターネットを利用して、日本にアクセスしようとしても、日々刻々と変化する日本情報が英語で更新されていないとしたら、どうなるでしょうか。

　英語は「国際言語」なのですから、私たちは英語をもっと多方面で使い、私たちの活動を逐次世界の人びとに伝えていく努力をすべきでしょう。日本人の知恵や判断には、世界の人びとのお役に立つことがたくさんあるはずです。そのためには、発信型の英語学習がますます必要になります。

（1）英語の役割

　ところが、私たちははたして、英語の実用性、有効性を十分に理解しているでしょうか。そして、教育の現場で生徒に英語学習の意義をしっかりと伝えているでしょうか。日本は国内の国際化が強く求められており、日本のなかでも英語の役割をもっと高めていかなければならないのです。

　文部科学省が 2005 年に公表した「小学校の英語教育に関する意識調査」によると、総合学習の時間で「英語活動」に参加している小学生（4 年生と 6 年生）に「英語を勉強する目的」を聞いたところ、「外国に旅行に行ったときに英語をつかってみたい」と答えた人が 83.1% で一番多く、「将来英語を使う仕事がしたい」と答えた人は 32.1% で一番少なかったそうです。

　同調査では、教員にも「すべての子どもたちが社会に出るまでに身に付けるべき英語力」を聞いています。「英語であいさつや簡単な受け答えができる程

度」という回答が最も多く 59.7%、「英語を使って仕事ができる程度」という回答は 2.7% に過ぎませんでした。日本では、教員も子どもも依然として、英語は特別なことばで、特に外国で使うことばであると思っているようなのです。これは今でも変わっていないのではないでしょうか。

　このために、英語の可能性を過小評価し、英語学習の目標を小さく設定しているといわざるをえません。日本のなかでも、多くの人びとがさまざまな職業で、そしてさまざまな交流で、英語を必要とすることを、よくわかっていないようなのです。たとえば、「英語を使う仕事」とはどういうものなのでしょうか。多くの人びとは、たぶん、外交官とか商社マンといったエリート職をイメージするでしょう。

　たしかに、政治や経済、あるいは報道や文化の最前線で働く人びとは国際的な交流を避けて通れないので、優れた英語能力を必要とします。しかし、これらの職業的に限定された人びとだけが英語を必要とするわけではありません。世界的にみて、英語はエリートのことばではなく、一般市民のごくあたりまえのことばになっているのです。

　日本社会のグローバル化はいやおうなく進行するでしょう。外国からの観光客、留学生、就業者、定住者の数は確実に増大します。外国人とのコミュニケーションでは、日本語、英語をはじめ、多くの言語が必要になります。それでも、多くの情報はとりあえず、日本語と英語の併用が求められるはずです。

　たとえば、自販機のペットボトルのラベルです。外国人は水が飲みたければ、evian か Volvic にしか目がいかないでしょう。これらには英語表記がありますが、日本の名水のほとんどにはそれがないからです。これでは、日本茶、ほうじ茶、麦茶が飲みたくても、手が届きません。日本製の食品や、その他の生活用品を日本人消費者のみの対象とするのは、もはや得策ではないのです。

　各メーカーは自社の商品ラベルに無意味なローマ字表記をやめ、魅力的な日英併記を工夫してはどうでしょうか。私たちはこういうことを効果的に実行するために、英語ができる人を数多く養成しなければなりません。今後、国外はもとより国内で、ますます英語を必要とするはずです。英語を「外国」のことばと考えるのではなく、日本人のもうひとつのことばと考える必要があるのです。

(2) 自己表現教育の世界的意義

　英語教育で自己表現と説明的コミュニケーションを強調することは、世界的な意義をもっています。もし世界の英語教育が文化的にアメリカやイギリス志向であるならば、日本人とタイ人が出会ったときにどうなるでしょうか。もちろん、彼らはニューヨークやロンドンの話をするわけではありません。

　当然のことながら、日本人はタイのことに、タイ人は日本のことに興味があるはずです。ですから、各国の英語教育では、自分の気持ちや考え、自国の価値体系や行動規範を英語で発信する訓練が重要になります。英語は情報交換の言語であるといわれますが、自分の情報を英語で伝達できなければ、英語の「力」を使いこなすことはできません。

　同時に、英語教育でアウトプット訓練を強化すると、自然の成り行きとしてニホン英語の発達を促すことになります。英語教育では、このような不可避的な状況に適切に対処する準備を整える必要があります。学生が産み出すさまざまな日本的な英語パターンを言語学的にも文化論的にも正当に評価する心構えをもたなければなりません。

　たとえば、生徒が「花火」を fire flowers といったとします。これは、fireworks を知らなくてもなんとか表現しようとしているとして肯定的に評価すべきでしょう。もしかしたら、この方がより描写的で、ずっとイマジネーションに溢れているといえるかもしれません。興味深いことに、flower fires という人はあまりみかけません。つまり、花火を直訳しているわけではないのです。英語のフィルターを通しているのです。これは創造的活動ともいえるでしょう。

2. Extremely Short Stories を書く

　ここで、英語を書く練習として、実に有益と思われる方法をひとつ紹介しておきます。それは ESSC（Extremely Short Story Competition）と呼ばれ、自分の好きなことをきっちり 50 語で書く練習とコンテストです。フィクション（ストーリー）、ノンフィクション（エッセイ、レポート）など、なんでもかまいません。これを開発した人は、アラブ首長国連邦（UAE）のザイド（Zayed）大学

で教鞭をとるピーター・ハッソル（Peter Hassall）教授 [1] でした。

　同氏はザイド大学でこれを実践するなかで、多くの作品を指導し、その作品集を出版しています（Hassall 2006a）。次は、その一作品です。これを読むと、「アラー」からアラブ人の雰囲気が感じられます。同時に、ここにある誇張のレトリックは、私たちにもなじみのあるものです。世界の英語を通じて、異なる文化に触れながら、共通の規範も知ることができるでしょう。

1. My wishes

If anyone asks me what I wish for? I will tell you that I can't tell you, because if I want to tell you my wishes the paper of the book and ink of the pen will finish before I finish. Allah is the one who knows my wishes. (Hassall 2006a, No.143)

　（「私の願い」私の願いは何と聞かれたら、それは話せないと答えるでしょう。なぜなら、もし私が自分の願いをあなたに話すとすると、私が話し終わる前にノートブックの紙とペンのインクがなくなるでしょう。アラーだけが、私の願いを知っています）

　日本人の大多数の学生は、長文を書くのを困難と感じるようです。しかし、このような短い文章の作成を目標にすることによって、多くの学生が自己表現の練習をやってみようと思うのではないでしょうか。そういう意味で、50語作文の練習はコンテストにしなくても、日本人学生の英語表現の訓練に最適と思われます。

　私は現役のころ English Writing の授業で、この Extremely Short Stories Writing を導入したところ、学生はすぐに興味をもち、たくさんの ESS を書き下ろしてくれました。次は大学 1 年生による本邦発の 50 語作品の一例です。自分の気持ちをストレートに書いています。大学生くらいになると、英語を覚えようとする以上に、英語を使おうとする意気込みが大切になります。

2. Because of you

My voice does not mean anything. My thoughts do not mean anything.

Nobody cares about me. But you, you treat me as something special.
Because of you I can smile. Because of you I can feel safe and protected.
Everything is because of you. Mom I'm here because of you.

　(「あなたのおかげ」私の声はなんの意味もなしません。私の考えはなんの意
味もなしません。だれも私のことを思ってくれません。でも、あなたは、私を
特別なものとしてあつかってくれます。あなたのおかげで、私は笑うことがで
きます。あなたのおかげで、私は安全で、守られていると感じることができま
す。すべてあなたのおかげです。ママ、私はあなたのおかげで、今ここにいる
のです）

　この事例が示すように、学生はけっこう楽しみながら英語を使い、自分の気
持ちや考えを表明するものです。彼らは、自分のこと、身のまわりのことを書
きながら、日本語ではいえないことが英語ではいえるということを発見します。
これは英語が自分のもうひとつのことばであるという気づきにつながります。
　この作品を書いた学生は、英語で書いたおかげで、自分と母親の関係につい
て考え、ことばに表すことができたと述べていました。日本語では、とても気
恥ずかしくて、このようなことはいえなかったそうです。英語を使いこなす経
験を積み重ねれば、日本語でも同じことがいえるようになるとも思われます。
一言語でいえることが、もうひとつのことばでいえないはずはないのです。

(1) いくつかの ESSC から
　日本「アジア英語」学会では、こういった英語使用の意義を認識して、2006
年から 2012 年にわたって Extremely Short Story Competition の全国ウェブコ
ンテストを主催しました（http://www.jafae.org/）[2]。このサイトには、小学生
から一般社会人までが多くの作品を寄せています。作者は日常の思いと気持ち
を 50 語で表現しようと努力するなかで、いろいろな工夫をこらすのです。
　同様に、The Japan Times ST は 2013 年に独自の ESSC を主催し、日本人学
生や市民による多くの作品を集めました。日本の学生や市民は英語で自己を表
現する機会が与えられると、強い意欲を燃やします。まるで、いいたいことが
いっぱいあると、いわんばかりです。次は、高校生の作品です。

3. The Cicada on a Summer Day [3]

The cicada lay on its back in the corner of the road. Its silvery stomach gave off a dull glimmer under the setting sun. Its delicate wings now rested on the ground, tired and forgiven. It lived one summer; I had lived fifteen. With luck, I shall live some more.

（「ある夏の日のセミ」セミが道端で仰向けなっていました。銀色の腹は沈む太陽の下でかすかな光を放っていました。繊細な羽は地面に着き、疲労し飛行不能でした。セミは一夏の命でした。私は 15 年生きてきました。運がよければ、もう少し生きながらえるでしょうか）

これは実に見事としかいいようがありません。Its delicate wings ... tired and forgiven の想像力は、実にすばらしいです。最後の寿命についての抑えた言い方は、なみならぬ思索の成果でしょう。日本人はセミに特別の感情を抱いています。セミは俳句にもシンボリックに登場します。日本人の多くは子どものときにセミを追いかけた記憶があります。そして、生命のはかなさを知ります。この日本人的なエトスがここに投影されています。

次に、社会人（主婦）の作品をあげます。

4. Childhood Friends [3]

Getting old means losing friends, he muttered to himself returning from the funeral. In the photo on the chest, his wife was smiling as usual. Suddenly he missed old friends from childhood. How are they doing? He boldly circled "attend" on the long neglected invitation card to the class reunion.

（「竹馬の友」年をとることは友人を失うことか。彼は葬儀から帰宅し、独りつぶやいた。箪笥の上の写真のなかで、妻はいつものように笑みを浮かべていた。彼は急に子どものころの友だちを懐かしく思った。みんなどうしているかな。そして、長い間ほうっておいた同窓会の通知に、「出席」とはっきりとマークを入れた）

ここでは、先立たれた妻への思い、残された自分の孤独感、竹馬の友への追憶を記述的に描写しながら、日本人の心象風景を写しています。著者は主婦なので、女性が男性の気持ちを語っていることになります。人情は男女とも同じということでしょうか。日本人は機会が与えられれば、実にいろいろなことを英語で書くものです。

　ある民間の英語教育プログラムでは、ESSC を利用して、学習者の自己発信力を高めようとしています。独自のプログラムで学習した英語項目を単なる知識としてとどめるのではなく、それを自己表現のなかで「使う」ことで、自分のものにするのです。また、書くことは想像力や創造力を働かせることになるので、その育成にもつながります。

　この英語教育プログラムには小学生から大学生までが参加しており、ESSC にも応募しています。次に、いくつかの作品をあげておきます。どれも自由な発想で、伸び伸びと書いています。導入―展開―結論のインフォメーションフローも、教えられることなく自然に定着しています。日本の英語教育でだいじなことは、書く機会を設け、書くことを奨励することなのです。

5. Milk

　I'm milk. I'm one of the top of nutritious food. I'm used for various dish and I can become friends with bitterness like coffee. By the way, I will show you a secret. Hey, you! Could you pour me into a bottle? Then shake me many times! Hi! I'm butter.

　（「ミルク」ぼくはミルクです。栄養満点の食物のひとつです。いろいろな料理に使われ、コーヒーのような苦みにも合います。ところで、秘密を教えましょう。ねー、きみ、ぼくをボトルに入れてくれる。そして、何回も振ってみて。ほら、ぼくはバターだよ）

　これは大学生の作品です。日本人は『吾輩は猫である』の影響か、けっこう擬人法が好きで、物語を考えるときによく使うようです。発想はおもしろいし、筋の運びも滑らかです。make friends with bitterness のような独自の表現の工夫もあります。書く機会が与えられたからこそ、このようなイメージが浮かび、

それが英語作品になったのです。

6. Regret

There's a button nobody knows the mystery. It was written "Don't push" in red. The child saw this button and thought, "I feel like pushing if you write not to push." He pushed it and went to another planet. He felt sad. He found another button. What will he do?

（「後悔」ボタンがひとつあります。その秘密はだれも知りません。赤字で「押してはなりません」と書いてありました。その子はこのボタンを見て、考えました。「押すなというと押したくなるな」彼はそれを押してしまい、別の惑星に行ってしまいました。彼は悲しかった。別のボタンを見つけました。この子はどうするでしょうか）

これは高校生の手によるものです。よくこんなことを考えますね。思わず感心してしまいます。寓話（allegory、moral tale）としても意義深いです。最後のWhat will he do? で、読者を引き込んでいます。なお、第 1 文の nobody knows the mystery は whose mystery nobody knows にするよう注意をすればよいでしょう。これをきっかけに関係詞の微妙な仕組みが理解できます。

第 2 文の It was written は The sign says（writes）などにとアドバイスできます。語数も同数です。学習者は自分が英語を書く（使う）なかで、語句や文法の詳細を会得します。ただし、英語の文法だけをしつこく追及するのは、適切ではありません。本章で紹介する作品のなかには、語法が十分でないところもありますが、それらをあげつらうのではなく、まずは作品のオリジナリティとコミュニカビリティを評価すべきでしょう。

7. Happiness

We can't touch it. But we can find it. We can't catch it. But we can become it. We can't see it. But we can feel it. It's no wonder. Every person has your own happiness. They don't have same one. My happiness comes from within. Where is your happiness?

（「幸せ」それに触れることはできません。でも、それを探すことはできます。それをつかまえることはできません。でも、それになることはできます。それを見ることはできません。でも、それを感じることはできます。それもそのはずです。だれもが自分の幸せをもっています。だれのものも同じではありません。わたしの幸せは内からきます。あなたの幸せはどこにありますか）

　これは中学生の書いたものです。タイトルが Happiness なので、it が happiness であることがわかります。We can't ... But we can の連続と、touch/find、catch/become、see/feel のコントラストが効いています。My happiness comes from within. の感じ方と、Where is you happiness? の問いかけは、つながっています。

　また、学校で習うところでは、become のあとにくるのは形容詞か名詞です。ですから、become it は語法的冒険のはずです。でも、著者はそんなことは考えていないでしょう。書くことで、そういう冒険を繰り返しています。Every person を your で受けているのは、対面的コミュニケーションを意識しているからでしょうか。それを they で受けるのも、自然に湧いた感覚でしょう。

　このように、ESS Writing では、作者はトピックも表現の方法も自由に設定することができます。50 語という数は、けっして少なくはありません。50 語を使って思いや考えを過不足なく、また無駄なく表現するためには、少々の時間と工夫が必要でしょう。50 語の制限があるために、最も適切な 1 語を選択するという努力が必要になります。現在の語彙力、文法力を駆使するのです。

　そのような英語を操作する経験をするなかで、英語に対する感性を大いに高めていきます。作者は、世界でひとつしか存在しない 50 語作品を創作しています。日本の学生は英語を使う機会を与えられると、けっこう上手にやるものです。英語を使うなかで、自分のアイデアと英語が結びつくのです。

　ESS Writing の 50 語の制限にはこれといった理論的根拠があるわけではありませんが、短いながらもひとつの作品を書くという意識を高めます。そのため、自然に Introduction−Development−Conclusion という文章の流れを体得すると思われます。このような直截的な文章運びは、異文化間では通りがよいでしょう。短文作品の訓練はこのインフォメーションフローの方法を定着させるのに、

有効と思われます。

　英語は使えば使うほど、上達します。ですから、繰り返しますが、英語教育では、英語使用の機会をたくさん提供する必要があります。ESS Writing はその一例です。なんといっても、短いので短時間で書けます。しかも、いくつも書けるので、生産的な訓練としても有効と思われます。大学生なら1日に1本、高校生なら1週に1本くらい書けるでしょう。数か月でもよいので、やってみてもらいたいものです。

（2）フィードバックの重要性

　大学や中学・高校の授業で ESS（C）を取り入れているところもあります。先生がトピックを提示する方法もありますが、ESS Writing の真髄は学生（生徒）が自分で書きたいことを考えるところからはじまるので、すべて書き手の自主判断にまかせるのがよいと思います。ただし、先生のフィードバックはおおいに役立ちます。もちろん、ピア（クラスメート）のコメントも有益でしょう。

　ここでいうフィードバックとは、英語の添削とは違います。それは評価（Assessment、Evaluation）ともいえますが、ABC のグレードをつけたり、点数をつけるものとも違います。ここでいうフィードバックとは、学習者の英語力を高め、同時に自分の考えを英語で表現する自己発信力の育成を目指す育成的フィードバックなのです。

　ですから、先生が自身の理想に照らして直すのはやめたほうがよいでしょう。自分の書きたいことを自由に書くというコンセプトには、英語だけをいじる添削は馴染みません。むしろ、学生（生徒）の現在の英語運用能力を把握して、それを拡大し増進するためのアドバイスを提供すべきでしょう。

　自由に書くことで、発想力、表現力、文法力が自律的に発達します。そこに個性が出て、自分らしい作品が生まれます。学習者が思うように書くように導くためには、いろいろな工夫が必要です。そのひとつが先生のちょっとした励ましです。先生が学生（生徒）の ESS 作品を読んで、思ったこと感じたことを伝えればよいのではないでしょうか。

　なにかすごいこと、気のきいたことをいわなければ、などと思う必要はあり

ません。かしこまらずに、自然体でよいのです。学生（生徒）の発想力と表現力を伸ばすことだけを考えましょう。ただし、どんな不十分な作品であっても、「箸にも棒にも掛からぬ」などと思わないでください。必ずよいところがあります。伸び代があります。それも見極めて、学生（生徒）を一押ししてみましょう。

「ここが惜しい」というところがあれば、そこをどう注意すればよいかを考えてください。学生（生徒）のことを一番よく知っているのは、先生です。たしかに、「不十分な」作品は、教える側に多くの課題を投げかけてくれます。テーマや内容が魅力的でありながら、英語の構文や表現が不十分なときに、先生はなんとかしたいと思うはずです。

それをどう伝えるか、どのような助言をしたらひとりひとりが伸びるのか、を考える必要があります。もちろん、学習者に英語の間違いを恐れないように伝えましょう。たくさん間違えれば、たくさん覚えられるのです。学習者はもっと英語を使い、自分のものとして使いこなす訓練が必要です。授業は、書くことの楽しさを学び、その感覚を伸ばすためのものなのです。

フィードバックには、次の枠組みが考えられます。

①作品のテーマ（構想やイマジネーションの素晴らしさ、など）
②テーマの内容（テーマの進め方のよい点、など）
③英語表現（独自の表現、など）
④英語（文法、語彙、スペル、など）
⑤その他（先生の思いつくことがら）

なお、フィードバックは口頭で伝えても、書いて伝えてもけっこうです。書く場合には、もちろん、長くてもけっこうですが、短く1、2行でもかまいません。たくさんの学生（生徒）がいるクラスや、ESS Writing を継続的に実施しているところでは、短いアドバイスが実際的でしょう。作品に一言そえるのです。

次は先に言及した民間英語教育プログラムの ESSC に投稿された作品です。作者は大学1年生です。あなたはこれを読み、作者にどんなフィードバックを

しますか。上の枠組みを参考に考えてください。

A message from 149,597,870 km away from the earth

Hey! Are you still wearing that long-sleeved shirt? No way! Take it off or I will make you do that. I'm always good at making humans dress lightly. But I find out I can't remove things covering faces whatever I do. Will you show me your shining smile some day?

（「地球から 1 億 4959 万 7870 キロ離れたところからのメッセージ」おーい、今でもあの長袖のシャツを着ているの。だめだよ。脱ぎなさいよ。それとも、脱がしてあげようか。私は人間を薄着にするのが得意なんです。でも、どうしても顔の覆いははずせません。いつか笑顔を見せてくださいね）

　私のフィードバックはこんなふうです。「北風と太陽のコロナ禍版。着想、内容、英語が実にうまく書かれています。自分は人間を軽装にする能力があるが、このマスクだけははずせないと嘆く。最後の Will you show me your shining smile some day? に作者の思いが感じられます」。ここでは、「テーマ」「流れ」「英語」について言及しています。

　私は作者のことを知りませんが、なにかアドバイスをと思って書きました。一般的なことばになっているのは、このためです。先生なら自分の学生（生徒）のことをよく知っているので、もっとこまかい、深いフィードバックができるでしょう。フィードバックも書けば書くほど的を射たものになります。そして書くのも楽しくなります。

　このように、学生は自己表現の機会が与えられれば、なんとかやってのけます。英語教育では最善を尽くして、その機会をできるだけ多く提供する必要があります。特に、日本のように一般社会で広く英語を使わない環境では、このことは喫緊の課題といえるでしょう。50 語エッセイは、そのひとつの試みです。

　学生に書いたり、話したりするように求めると、それは無理です、まだそれほど英語を知らないから、などといいます。実際は、語彙や文法の間違いを恐れているようです。それでは泳げるようになるまで泳がないのと同じで、英語

は使わなければ使えるようにならないよ、と説得しましょう。英語力は不十分でも、意見は十分にいえるはずなのです。教師はその努力を育成的に評価することが大切です。

　ある高校の教師はこのことについて、こんなことをいいました。

　「私たち英語教師は日本人が英語を話すときの重圧感を生み出しているのです。生徒の文法ミスを容赦なく挙げ連ね、彼らの自由な表現を制限してしまっています。教師は生徒が英語でコミュニケートしたという事実を評価してあげれば、そのような重圧感は軽減できるでしょう。その第一歩は教師が英語観を変えることなのです」

　英語ができるようになるためには、インプットが大切だといわれます。これはリーディング、リスニング、そして文法や語法の学習を指すのでしょう。これは間違いではありませんが、学習者の意思とは少しかけ離れているようです。学習者はアウトプットの力を望んでいるのです。発信する力をつけなければ、世界の人びととコミュニケーションできるようにはなりません。

　ですから、英語を使用するアクティビティが重要です。文法や読解はその訓練を有意義にするためにあるのです。しかも、それは工夫すればできることなのです。ESS Writing の実践は、そのことをよく示しています。それは、I'm enjoying learning English.（英語の勉強は楽しくてしかたがない）という感覚につながる可能性が大なのです。

　日本は日常生活で英語を使う国ではないので、そのような活動は困難で、それゆえ日本人は英語ができなくて当然だというのは、あまりにも非現実的です。英語を使う場面はいくらでも考えられます。首都圏のみならず、日本各地にたくさんあるでしょう。みなさん、世界に向けて発信するために、いろいろと工夫してみましょう。

おわりに

　自己表現訓練を強化するには、ライティングが一番やりやすいでしょうか。書くことでアイデアをまとめる練習をすれば、すぐにスピーキングにも応用できます。ただし、何回も書くことがだいじです。書けば書くほど、英語を意識

し、不十分な表現も減ります。同時に、日本式英語パターンが発生します。

　前章で述べたように、日本人がネイティブ・スピーカーと同じように英語を使うようになるのには、魔法をかけるしかありません。しかし、そんな魔法は存在しません。そんな魔法に頼らなくても、日本人は自分たちが獲得した英語能力と技能を使って、多国間・多文化間コミュニケーションを進めることができます。ですから、思うこと、感じることをどんどん発信しましょう。

■注

(1) ハッソル教授は現在はザイド大学を退職し、母国のニュージーランドに居住。彼の発想は Hassall（2006b）にある。なお、本章の一部は本名（2013）p. 89-97 より。

(2) 詳細は竹下・田中（2011）、竹下（2018）参照。

(3) タイトルは本書の著者による。この ESSC では Summer Vacation をトピックとしていたので、各自の作品にはタイトルはなかった。

■参考文献

竹下裕子（2018）「Extremely Short Story を書いてみよう」本名・竹下編著（2018）、pp. 149-158.

竹下裕子・田中富士美編著（2011）『The Extremely Short Story Competition の魅力』アルクコミュニケーションズ

本名信行（2013）『国際言語としての英語』冨山房インターナショナル

本名信行・竹下裕子編著（2018）『世界の英語・私の英語』桐原書店

Hassall, P. (Revised and Edited) (2006a). *Emiratia: World English Voices of Emirati Women*. The Japanese Association for Asian Englishes.

Hassall, P. (2006b). International Collaboration to Promote Literature and Linguistics via Extremely Short Story Competition (ESSC). *Asian Englishes*, Vol. 8, No. 2, pp. 90-95.

第9章 日本を伝える

はじめに

　第8章で述べた ESS(C)（Extremely Short Story Competition）はあくまでも、自己表現の練習の方法です。実際に英語を使う場面では、50語の字数制限などはなく、もっと自由に話し、書くことになります。ですから、ESS を書き慣れたら、今度は長めのものを自由に書いてください。長文は論旨が一貫していることが大切です。本章では、論旨の一貫性にふれます。なお、書く訓練は、話す訓練につながります。

1. 自分のことをいう

　従前は、日本は理解しがたい国（Japan is an inscrutable country.）などと、外国でよくいわれました。日本人は何を考えているのか、よくわからないということでした。それは私たちが外国の人びとに自分の思いを十分に語らず、日本のことをしっかりと説明してこなかったからでしょう。私たちは自分のことをいい、日本のことを説明する英語力をもっています。それを大いに使いこなしましょう。

　まずは、自分のことを英語でいうクセをつけましょう。ビジネスパーソンでしたら、会社名や仕事のことを簡単にいえばよいでしょう。ですから、短くても大丈夫です。むしろ、細切れの文章をいろいろと考えるのが、実践に役立ちます。そうすると自分のことについて、多様な側面を意識できます。こんな具合で、どうでしょうか。

Example 1

My name is Kenichi Ohara. I belong to the export department of Japan Electronics, Inc. I sell electric auto parts to customers from India and Pakistan. I am interested in varieties of English in subcontinental India.

（…私は日本電子の輸出部に勤務しています。インドとパキスタンのお客さんに電気自動車のパーツを売っています。インド亜大陸の英語に興味をもっています）

Example 2

My name is Tomoaki Kumagai. I am working at the business assistance section in the City of Kumamoto. My job is to find how we can use our sister cities overseas for our local companies to start up business relations abroad.

（…熊本市の企業支援課で働いています。海外の姉妹都市を足掛かりに、ビジネスをスタートできないかを探っています）

Example 3

I am Miho Matsui. I am a marketing coordinator. I work for Nishishiba Industry, a Japanese electronic appliances company. What is good about Nishishiba is that it has a two-year scholarship program for further studies in international management. I am lucky that I was selected as a grantee. I will begin to study for MBA at UCLA this summer.

（…マーケティングの総合コンサルタントをしています。西芝産業という電子機器の会社に勤めています。うちには2年間の奨学金制度があり、国際経営の勉強を奨励しています。幸いにも、奨学生に選ばれたので、この夏にUCLAでMBAの勉強をすることになりました）

2. 日本を説明する

　私たちは外国人に日本のことを説明するのが、とても苦手のようです。でも、外国人は日本のことを知りたがっています。友人から直接説明してもらえれば、こんなうれしいことはないはずです。ていねいに、根気よく説明する習慣を身

につけたいものです。まずは、ごく普通の、身近で日常的なことがらをわかり
やすく説明する練習をしてみましょう。

　以下に、いくつかの例をあげます。いつも何気なくやっていることでも、外
国人に説明するとなると、多くのことがらを再認識することになり、けっこう
新鮮に感じられるでしょう。また、外国人の質問にはいつも返答するようにし
ましょう。日本のことを知りたがっている外国人はどんどん質問してきます。

　外国人とつきあっていると、「これはなんですか」「それはなぜですか」と聞
かれない日はないでしょう。外国人の疑問は、自国の行動様式や価値体系と日
本のものとに、大きな差異があることから生じます。ですから、会話やメール
では、相手がなぜ疑問をもったかを聞きながら、答えを探すのがよいでしょう。

　説明するときは、なるべく相手の立場に立ち、相手の知りたそうな、あるい
は相手に知ってもらいたいことがらに注意を向けるようにしましょう。そうす
ると、私たちも自然と比較文化論的視点でものごとをみるようになります。そ
の時点で、疑問の要点と細部がわかり、説明の仕方にも工夫ができます。

Example 4

　次の例は、動作（しぐさ）についてです。外国人とおつきあいをすると、相
手の身体の動かし方に目がいきます。ここでは、日本人とアメリカ人のアイコ
ンタクトの違いを説明しようとしています。日本人は目を見合うことはせず、
相手の目もと以下をぼんやりと見る傾向があることと、その理由をいっていま
す。

　When Japanese talk face to face, we do not exchange eye contact directly. We
tend to glance at each other somewhere from under the eyes to around the
mouth tenderly or vaguely. Although direct contact may occur occasionally, it is
rarely intense or prolonged. Such eye contact is considered rude and impolite or
aggressive and challenging even in discussion, consultation, persuasion, or
negotiation. At first, Americans may find Japanese gaze embarrassing and
Japanese may feel uneasy about the Americans' stare. But people get used to
different styles as they experience intercultural interaction.

　（日本人は向かい合って話すときも、相手の目を見つめ合うことはあまりしません。

日本人は目もとから口のあたりを柔らかく、ぼんやりと見ます。目と目を合わせることがあっても、弱い視線で、しかも一瞬のことです。相手の目を強く、じっと見つめることは、礼儀に反しますし、攻撃的で挑戦的な行為になります。このことは、討論、相談、説得、交渉の場でも当てはまります。最初、アメリカ人は日本人のこういった視線に戸惑いを感じるようです。日本人はアメリカ人に見つめられると、不安になります。しかし、人びとは異文化間のおつきあいを経験するにつれ、違ったスタイルに慣れるものです)

Example 5

日本人はやたらに謝るといわれます。「アイアムソーリー」とよくいうからでしょう。これは日本語の「すみません」の直訳でしょう。日本人がよく「すみません」というのは、いったん引きさがって、和を保つ戦術のようです。日本人はいつも間違いをおかし、非を認めているわけではありません。こういったことをうまく説明できるといいですね。

Japanese people express apologies to each other frequently. The idea behind it is that apologizing mitigates the other person's displeasure, thus keeping the relationship as normal as possible. When young children make a trivial mistake in human relation, parents say to them, "Gomennasai-wa? (Literally, why don't tell the person you are sorry?)" As such, "Gomen (nasai)" or "Sumimasen" is very often heard in grownups' conversation.

When an old lady is offered a seat by a young person who sits in front of her in a crowded train, she is most likely to say, "I'm sorry," rather than "Thank you." She first apologies, because she feels sorry that she made him think about having to offer her the seat, and that he has actually done so. With an apology said first, then she may add how grateful she is to the man for his treatment.

(日本人はお互いに、よく謝ります。その理由というと、謝罪は相手の不快感を和らげ、それで人間関係を通常に保つことができます。子どもが人間関係で些細なあやまちをおかすと、親はすぐに子どもに「ごめんなさいは？」(「ごめんなさい」といいなさい)と教えます。このようにして、成人の会話でも、「ごめん(なさい)」とか「すみません」はよく聞きます。

年配の女性が混雑する電車のなかで、目の前に座っている若者から席を譲られると、「すみません」といいがちです。「ありがとう」ではないでしょう。まず、お詫びをいいます。若者に席を譲らなければと思わせ、彼はそうしたからです。最初にお詫びをいってから、若者の行為に対して、お礼を述べることもあるでしょう）

Example 6

日本人の協調精神は、多分に自画自賛のきらいがあるでしょう。しかし、日本では自己中心主義（ミーファースト）は王道ではありません。これに歯止めをかけるために、協調の価値観は意義があるでしょう。ここでは、会社の同僚関係について述べています。ワンチームの組織論ともいえます。

The social harmony that is important in a group-oriented country such as Japan extends from one's family, neighbors, and friends to one's colleagues at work. Family-like harmony among employees in a company is more highly valued that open competition among them.

Colleagues are seen as members of the same team who all cooperate for the betterment of the company. They are not seen as competitors for higher wages and positions at the expense of others. Colleagues maintain friendly and harmonious relationships by helping each other with their work and by occasionally wining and dining with each other after work.

（日本のような集団主義の国では、社会的調和が重要で、それは家族、近所の人、友人、そして職場の同僚にもあてはまります。会社の人びとと家族的調和を維持することは、あからさまな競争よりも、より重要視されます。

同僚はワンチームのメンバーで、みな会社の発展のために協力しあうものとされます。同僚は競争相手ではなく、より高い給料や地位を目指し、他人を犠牲にしてもかまわないという関係ではないのです。同僚はお互いに助けあって仕事をし、ときには仕事のあとで飲食を共にして、友好的で調和的な関係を保ちます）

Example 7

日本の労働力不足と外国人労働者の問題も、よく話題になります。これらの

問題はリンクしているように思われがちですが、個別に考えることもできます。労働力不足の問題は今後の技術革新によって、解決される可能性があります。外国人労働者の問題はモノやカネの流れと同様に、人間の移動の自由という観点から考えることもできるでしょう。

As Japan faces the labor shortage, some people argue that the Japanese should be prepared to accept more foreign workers. But the labor shortage and influx of foreign workers can be seen as two separate issues.

A new series of technological innovations like AI (artificial intelligence) is expected to resolve many important labor issues in the very near future. Increased development of automation and robotics will take the place of manpower. Workplace surroundings and work methods can be improved enough to attract applicants for jobs currently despised as dangerous, dirty, and tiring.

At the same time, if many Japanese go abroad to work, Japan cannot bar foreign people from coming here to work. As Japanese work under certain legal conditions overseas, Japan should let in a sizable number of people wishing to work here legally. Of course, efforts should be made to protect their human rights. Japan must take further steps to assure them of equal treatment based on the principle of civil rights.

（日本は労働力不足に直面しており、もっと外国人労働者を受け入れる必要があるという議論があります。しかし、労働力不足と外国人労働者の受け入れは区別して考えてもよいでしょう。

労働力不足の問題は、今後の技術革新の可能性にともない、自動化・ロボット化の促進によって解決できる部分が多いと思われます。また、きつい、汚い、危険の３Ｋの仕事についても、職場環境や作業技術の改善によって解決できるともいえます。

同時に、多くの日本人が海外で働いているように、外国人が日本で働くのを禁じることはできません。日本人が外国の法律に従って働いているように、日本も一定数の外国人労働者を合法的に受け入れるべきです。そして、彼らの人権を守り、さらに公民権を前提に平等な待遇を保障する必要があります）

Example 8

外国人を相手にスピーチをするときには、なるべく日本文化を語るようにしたいものです。外国人に日本を理解してもらうよいチャンスです。ここでは出向会社のトップが主催するホームパーティーで、招待者との親交を「縁」という概念で説明しようとしています。日本のことを英語で説明するのは厄介ですが、いろいろやってみているうちに、自分に合った方法が見つかるものです。

I want to thank Mr. and Mrs. Bates Hoffer for inviting me today. I met Bates ten years ago in Tokyo, when we attended a workshop on multicultural advertising. Since then, we have worked closely together on several projects sponsored by his company and mine.

For a Japanese like myself, our personal and professional friendship is formed by "en," a Japanese term meaning relationship. According to Buddhist belief, the world is ruled by the cause-effect principle. The medium through which a cause brings about an effect is "en." Thus, "en" creates opportunities and occasions for forming relationships.

I don't know what brought us together, but I am sure the relationship maker "en" worked well between us. I believe a party is a good occasion for starting a friendship. We say in Japanese that "a person's accidental elbow touch with another can be a relation determined by another world's en." Thank you very much.

（ベイツ・ホッファご夫妻、本日はお招きくださり、ありがとうございます。私はベイツと 10 年前に東京で会いました。ふたりとも多文化広告のワークショップに参加していました。私たちはそれ以来、私たちの会社が主管するいくつかのプロジェクトを一緒にやってきました。

私のような日本人からみると、私たちの個人的、職業的親交は「縁」のなすものといえます。「縁」とは、日本語で関係を意味します。仏教の信仰によると、この世界は因果の法則で支配されています。原因が結果をもたらす媒体が「縁」なのです。ですから、「縁」は関係を形成する機会や場面を創造するのです。

私はふたりがどのようにして出会うことになったかはわかりませんが、関係づくりの「縁」が機能したものと思っております。パーティーは友情を育むよい機会だ

と思います。日本では、「袖振り合うも他生の縁」といっています。ありがとうございます)

3. 話題の流れ

　ところで、書いたり、話したりするのには、提示のしかたに一定のルールがあります。これは情報伝達の流れにもなっています。そして、この流れは英語では特に重要視され、多くの国の英語教育でも強調されています。実は、脇道にそれることの許容範囲に差異はあるにしても、多くの言語でもおおむね、このパターンが実行されています。それは次のように示されます。

　① Introduction（導入）
　　まず、いいたいことのあらましを述べる。
　② Development（展開）
　　次に、その内容を説明、展開する。
　③ Conclusion（結論）
　　最後に、話のまとめを述べる。

　ここで、2つの事例をみてみましょう。ライティングの形をとっていますが、その要領はスピーキングにもあてはまることを忘れないでください。書いたら、それを音読してみるのも、よい訓練になります。口調もだいじです。口調の良し悪しによって、文章を変えることはよくあります。やっているうちに、自分なりのリズムができてきます。

Example 9

Words, Words, Words!

　The pen is mightier than the sword. I like this saying. I think this idea is very important in the present world, where people tend to forget the power of words to settle cross-cultural conflicts. Look at the Middle East. Look at even our primary schools. It is very important now that we count on words, not arms.

「ことば、ことば、ことば」

（ペンは剣よりも強し。私はこのことわざが大好きです。この考え方は現在の世の中で、ことのほか重要だと思います。人びとは今、異文化間の衝突を解決するのに、ことばの力を忘れがちです。中東をみてください。小学校をみてください。私たちは今こそ、武器ではなく、ことばを大切にしなければなりません）

　これはたったワンパラグラフの文章ですが、筋がしっかり通っていることがわかります。The pen is mightier than the sword. はこの文章の主題です。I like this saying. はこの主題をサポートしています。続いて、I think ...、Look at ...、Look at ... など、主題に関連した具体例を挙げ、それを説明しています。

　最後の文 It is very important ... は結論です。we count on words, not arms. を追記して、本題に戻っています。このように、英語の文章は、「主題の導入→その展開（例示、説明など）→話題の結論」といった運びが典型的です。結論は本論を補強することが大切です。実は、これは第8章で紹介した50語エッセイです。ESS Writing を練習すると、論旨の流れが自然に身につくと思われます。

　ESS Writing は練習のために、きっちり50語で書くという制限をします。しかし、実際の文章にはそういうことはありませんので、もっと自由に書けます。事実、ワンパラグラフ・エッセイは、エッセイ・ライティングの基本です。導入―展開―結論を書く練習を大いにやってみてください。

　次に、この流れに沿った3パラグラフの文章を紹介します。

Example 10

Public Drinking Places in Japan

One important representation of popular culture is a public drinking place, such as a pub in England. In Japan, such a place is often called nawanoren, as it displays a straw-rope curtain hung over its entrance to show that it is open.（導入）

Actually, folksy-looking place, a nawanoren restaurant-bar is patronized by ordinary people living or working nearby. In most cases, customers know one another. If they meet strangers, they soon become friends. On their way home after work, people sometimes drop by one of those places to enjoy their banshaku (evening drinks). When in a festive mood, they may hop around from one place to another. This is pictured as climbing up a ladder step by step into raptures.（展開）

Every society apparently has its own custom of wining out. A comparative cultural study will be useful since these customs reflect many interesting aspects of social reality in the community.（結論）

「日本の居酒屋」

（大衆文化のひとつの表れとして、イギリスのパブのような飲み屋があります。日本では、そのような場所はときに、「縄のれん」と呼ばれます。入口に縄で作ったのれんが吊るしてあるからです。それはお店が開いていることを示しています。

「縄のれん」は小さな庶民的な雰囲気をもった居酒屋で、近所の住人や勤め人が贔屓にしています。多くの場合、お客はお互いに顔見知りです。見知らぬ者どうしが会っても、すぐに友だちになります。人びとは仕事を終え帰宅する途中で、晩酌を楽しむために、こういった店に立ち寄ります。つい浮かれると河岸を変え、はしご酒になります。これは、はしごを一段ずつ登って、よい気持ちになっていく姿をいったものです。

どの社会にも、お酒を飲みに出かけるのに特有の習慣があるように思われます。比較文化的な研究として有益といえましょう。これらの習慣はコミュニティにみられる社会的現実の興味深い面をたくさん反映しているからです）

ここでは、導入→展開→結論の流れが、それぞれ独自のワンパラグラフでできています。これはもっとも自然な構成といえるでしょう。展開のパラグラフは他よりも長く書かれていますが、ここはテーマを説明、発展させるところですから、これも自然な運びといえます。ここが短いのはどう考えても、不自然です。以下、それぞれの内容を示します。

導入
日本の大衆文化として、飲み屋を主題とし、縄のれんに言及します。
展開

縄のれんの詳細です。親しみやすい雰囲気と人間関係を説明します。はしご酒の形態にもふれます。

結論

どの社会にも、それ特有の酒場の習慣があると考え、その比較研究は興味深いと結びます。導入と結論がうまくつながっています。

このように、文章の流れには一定のパターンがあります。それは、導入→展開→結論の連続です。これに沿った文章は一貫性があり、論理的といわれます。読みやすいからです。導入部で主題が明白でなかったり、展開部で導入部にないトピックが出てきたり、結論部で結論がなかったりすると、読者の思考を混乱させることになります。

これは日本語でも同様です。ですから、この流れを英語特有のものと考える必要はありません。自分が書く日本語と英語の流れを比較してみると、このことはよくわかるはずです。3パラグラフの練習を終えたら、あとは本当に自由です。あなたの思いの丈、あなたのコミュニティのこと、そして日本のことを、どんどん書いて、話してください。

4. 文体（スタイル）

「文は人なり」（Style is human.）といいます。文章をみれば、書き手の人となりがわかるという意味です。たしかに、文体は個性の発露でもあります。同時に、私たちは書いたり、話したりするさいに、その社会的場面を考えます。つまり、社会的場面により、どう書いたらよいか、どう話したらよいかが決められているのです。

その最も一般的な原則は、フォーマルかインフォーマルかでしょう。前者は正式、あるいは儀式的な場面を指し、後者はその度合いが弱まります。このために、前者は文語調、かしこまった言い方、後者は口語調、くだけた言い方が適切と考えられます。しかし、私たちは英語を母語としていないので、どの言い方がフォーマルで、どれがインフォーマルかを見極めるのはなかなか困難です。

直感に頼れない分だけ、理論で認識しなければなりません。もっとも、次に

説明するように、英語も日本語の文体感覚と類似するところが多いので、常識を働かせれば、そう困難ではないはずです。要するに、フォーマルな文とは引き締まった感じを与え、インフォーマルな文はそれほどでもありません。これは構文の要素からみるとわかりやすいでしょう。

　以下、構文分析に基づき、フォーマルかインフォーマルかを決める6つの基準を示します。すべての例文で、(1) が (2) よりもフォーマルです。これは基本中の基本ですので、英語の文体感覚を理解するのに大いに役立つでしょう。

① 語句の少ない文のほうが、語句の多い文よりもフォーマル [1]

(1) I know nothing about economics.（経済学のことは何も知らない）

(2) I don't know anything about economics.

(know nothing のほうが語数が少なく、don't know anything よりも引き締まった印象を与える)

(1) It is difficult to obtain an efficient man, the salary being small.（有能な人材を獲得するのは困難だ。給料が安いので)

(2) It is difficult to obtain an efficient man, because the salary is small.

(the salary being small は句、because the salary is small は節。前者のほうが引き締まった印象を与える)

② 意味範囲の狭い語のほうが、意味範囲の広い語よりもフォーマル

(1) Where did you purchase that book?（どこでこの本を購入したか）

(2) Where did you buy the book?

(purchase は物品にしかあてはまらないが、buy は時間や愛情などにも使われる。同　　様　に、disappoint/let down, postpone/put off, clarify/make clear, enroll/sign up, discover/find out, reject/turn down などでは、前者のほうが意味が限定的なのでフォーマル)

(1) He has been forced to work sidelines in recent weeks.（最近数週間にわたって仕事をはずされている）

(2) He has been forced to work sidelines recently.

(recently は recent weeks, recent months, recent years などの限定的な表現よりも

一般的で意味の範囲が広いのでインフォーマル。なお、in recent weeks は recently よりも語数が多いので、①に従えばこちらのほうがインフォーマルになるが、引き締まったと感じられるほうがフォーマルという大前提に立つと、①②は矛盾しない）

③ 文法を厳密に守る文のほうが、そうでない文よりもフォーマル

(1) The chief reacted quickly.（ボスは速やかに反応した）

(2) The chief reacted quick.

(quickly は副詞で、quick は形容詞。ここでは副詞が求められる。なお、この quick は形容詞の副詞的用法と呼ばれる）

(1) I know the man whom you met yesterday.（あなたが昨日会った男を知っている）

(2) I know the man who you met yesterday.

(the man は you met の目的格だから whom が適切）[2]

(1) I want to become a new person.（新しい人になりたい）

(2) I want to become a new me.

(me は代名詞なので本来は修飾語をとらない）

④省略や短縮語のない文のほうが、それらのある文よりもフォーマル

(1) I'm happy to see you.（お会いできてうれしい）

(2) Happy to see you.

(主語と be 動詞を省略しない文のほうがフォーマル）

⑤ 名詞化句をもつ文のほうが、そうでない文よりもフォーマル

(1) The chief expressed his satisfaction with the success of the project.（ボスはプロジェクトの成功に満足していることを伝えた）

(2) The chief said that he was satisfied with the success of the project.

(He is/was satisfied を his satisfaction とする言い方を名詞化という。これを利用する文のほうが、そうでない文よりも引き締まってみえるので、よりフォーマルになる）

(1) We reminded him of the importance of English as a business language.（英

語のビジネス言語としての重要性を再確認させた）

(2) We reminded him that English is important as a business language.

⑥最後になって意味が完結する文のほうが、そうでない文よりもフォーマル

　英語の文体論では、前者を periodic sentence（完全文あるいは掉尾文）、後者を loose sentence（締まりのない文）という。前者は終わりに盛り上がりをみせるので、期待感（サスペンス）をともなうことにもなり、引き締まった感じがする。

(1) My plan to go to Mumbai during the winter vacation had to be given up.（Periodic）（冬休み中にムンバイに行く計画は放棄せざるをえなかった）

(2) I had to give up my plan / to go to Mumbai / during the winter vacation.（Loose）

（前者は最後にならないと結末がわからないが、後者は最初にそれが示されている。[/] は以下を省略しても大意がわかることを示す）

　以上のことから、次のことがいえます。

・副詞句を前に出すほうが、後に出すよりもフォーマル

(1) After reading her note, he went out to look for her.（Periodic）（彼女のメモを読んだあと、彼女を探しに出た）

(2) He went out to look for her / after reading her note.（Loose）

　複文では、従属節を主節の前に出すほうが、後に出すよりもフォーマル

(1) Although your proposal sounds interesting, it lacks substance.（Periodic）（君の提案は面白そうだが、実質に欠ける）

(2) Your proposal lacks substance, / although it sounds interesting.（Loose）

(1) If there is to be improvement, there has to be enlightenment.（Periodic）（改善を望むならば、啓発が必要である）

(2) There has to be adaptation, / if there is to be mutation.（Loose）

・従属節をもつ複文（complex sentences）は等位節をもつ重文（compound sentences）よりフォーマル。重文は節を省いても意味を完結できるので loose。

(1) As it was very cold, we stayed inside all day.（Periodic）（寒いので一日中家にいた）

(2) It was very cold, / and we stayed inside all day.（Loose）

　以上、英語の文体感覚を示しておきました。ざっと読んで、英語のフォーマルとインフォーマルの感じを理解していただければ幸いです。ただし、皆さんが普段自分の思いの丈を書くときには、これらのことをあまり気にする必要はありません。思うように書いているうちに、だんだんと身につくセンスなのです。

おわりに

　日本人はどうも完全主義的なところがあるようです。英語を書くときでも、間違いを恐れて、あるいは力不足を感じて、思うように書けないことがあるようです。イタリアの諺に曰く。"Better is the enemy of good." よりよいものを求めるよりも、今あるよいものを大切にしましょう、といった意味です。

　皆さんが今もっている英語力はけっして捨てたものではないはずです。仮に英語を 10 年間も勉強しているとしたら、かなりの知識が集積されているはずです。これを使って、見たこと、聞いたこと、思ったこと、感じたことを、まず書いてみてください。話してみてください。書くことで、話すことで、さらにどういう勉強をしたらよいかわかってくることでしょう。

■注
(1) 以下の大要は Ohashi（1978）による。
(2) 現在では関係詞節の先行詞が目的語でも who で受けることが多いので、これでも文法的であるといえる。Japanese prosecutors have asked Ghosn's legal team to submit a computer he used as well as records on who he met with.（日本の検察はゴーン氏の弁護団に彼が使用したコンピューターと面会者名簿の提出を求めた）ただし、whom にするほうが、よりフォーマルであることは間違いない。

■参考文献
Evans, H. (2017). *Do I Make Myself Clear? Why Writing Well Matters.* Little, Brown.
Joos, M. (1967). *The Five Clocks.* Harcourt Brace Jovanovich.

Ohashi, Y. (1978). *English Style.* Newbury House.

Strunk, W. Jr. and White E. B. (1979). *The Elements of Style.* (3rd ed.) Macmillan.

第10章 | 世界諸英語論を学ぶ人のために

はじめに

　現代英語は母語話者の国々を超え、世界の各国に広まっています。そして、世界各国で独自の民族文化を反映した英語が発達しています（第6章「現代英語はどういう言語か」参照）。このような英語の普及と変容の考察は、世界諸英語論（World Englishes）と呼ばれ、さまざまな研究が進められています。最終章では、その動向を紹介します。それは、多文化共生時代の英語学習について、多くの示唆を与えてくれます。

1. 英語の国際化と多様化

　英語の普及にともない、その変容が本格的に注目されるようになったのは、20世紀の後半のことです。それは主として、イギリスの旧植民地であったアジア・アフリカ諸国において独立後も、現地の人びとが英語を使用し、独自の語法を発達させているという事実に基づいています。イギリスに続き、アメリカの植民地であったフィリピンなどもこの範疇に入ります[1]。

　この認識で重要なことは、英語は母語話者から非母語話者に転移し、そこでそれぞれの社会的文化的言語的環境に適応した変種が発達しているという知見です。これは、普及は変容を呼ぶという論理を追究し、いろいろな非母語話者英語の正当性を構築することにつながります。ここで、後年の英語研究、英語教育、英語教育政策の分野で大きな功績を遺した2人の研究を紹介しておきます。彼らの研究は世界諸英語（World Englishes, WE）という概念と、深く結びついています。

まずは、ブラジ・カチュル（Braj Kachru, 1933-2016）です。彼は早くからインド英語（Kachru 1965 など）を研究するとともに、1976 年に英語教育の専門家向けに "Models of English for the Third World" を発表し、英語の国際的展開を詳細に論じ、その意義を次のように述べました（Kachru 1976, p. 236）（当時、第 2 次世界大戦後の冷戦期では、世界は西側諸国（第 1 世界）と東側諸国（第 2 世界）に分断されており、そのどちらにも属さないアジア・アフリカ・ラテンアメリカなどの開発途上国は第 3 世界と呼ばれていました）。

It is obvious that in the Third World countries the choice of functions, uses and models of English has to be determined on a pragmatic basis, keeping in view the local conditions and needs. It will, therefore, be appropriate that the native speakers of English abandon the attitude of linguistic intolerance. The strength of the English language is in presenting the Americanness in its American variety, and the Englishness in its British variety. Let us, therefore, appreciate and encourage the Third World varieties of English too. The individuality of the Third World varieties, such as the Indianness of its Indian variety, is contributing to the linguistic mosaic which the speakers of the English language have created in the English speaking world. The attitude toward these varieties ought to be one of appreciation and understanding.

　（第 3 世界の諸国では、英語の役割、用法、モデルは各国の社会的条件あるいは必要性に合わせて、実利的に決定されるべきです。それゆえ、ネイティブ・スピーカーは不寛容な態度を改めるべきです。英語のよさはアメリカ人らしさをアメリカ英語で表し、イギリス人らしさをイギリス英語によって表すことができるところにあります。同様に、第 3 世界のいろいろな英語も正しく評価し、育成すべきです。第 3 世界の英語変種にみられるそれぞれの特徴、たとえばインド人らしさを表現するインド英語は、英語の話し手が英語世界で創造したことばのモザイクに貢献しています。私たちは、これらの変種を受容し、理解する努力をしなければなりません）

ここでは、普及と変容の論理が鮮明に記述されています。そして、英語母語話者に対して、非母語話者が話す多様な英語を、それなりの「違い」として認めることを求めています。世界の英語の話し手が織りなす英語のモザイク模様は、英語を強化するというのです。世界の諸英語には各民族特有の特徴が組み込まれており、それらは否定されるものではなく、受容されるべきものと明言します。すなわち、英語は多様な言語であり、それぞれの変種（variety）に優劣はなく、平等であるという考えです。

　次に、ラリー・スミス（Larry Smith, 1941-2014）です。彼も 1976 年に "English as an International Auxiliary Language" [2] を書き、国際言語としての英語（English as an International Language, EIL）という考えを示しました。これは、最初は *RELC Journal* [3] に掲載されましたが、後に Smith (ed.) (1983) に同名のタイトルで収録されています。以下は、同書からの引用です。

　　(1) English belongs to the world and every nation which uses it does so with different tone, colour, and quality. English is an international ... language. It is yours (no matter who you are) as much as it is mine (no matter who I am). We may use it for different purposes and different lengths of time on different occasions, but nonetheless it belongs to all of us .... No one needs to become more like Americans, the British, the Australians, the Canadians or any other English speaker in order to lay claim on the language. (p. 2)

　　（英語は世界のことばです。どの国もそれを使うときには、違った音調、色彩、内容をもって使います。英語は国際言語なのです。それはあなたのものでもあるし、私のものでもあります。私たちがそれを使う目的、期間、状況はみな違います。それでも、それは私たちのものなのです。英語を使うからといって、アメリカ人、イギリス人、オーストラリア人、カナダ人やその他の英語の話し手と同じようになる必要はまったくありません）

　ここには、「国際言語としての英語」、あるいは「世界諸英語」の概念のすべてが表現されています。英語はアメリカ人やイギリス人のものではなく、すべ

ての話し手のもので、当然のことながら、それぞれは独自の特徴をもち、独自の使い方をしているという主張です。そして、英語を話すからといって、アメリカ人やイギリス人などの真似をする必要は一切ないとします。この素朴な語り口のなかに、至言が散りばめられています。

そして、次では、他人の話す英語が自分と違っていても、それを許容することの重要性を語ります。英語の違いは間違いとか不正確ということではなく、新しい状況への適応の結果ととらえられています。そして、それぞれの違いを認め合う寛容な態度はいろいろな英語に慣れることで育成されるとして、英語教育のあり方に言及します。

(2) We must become more tolerant of the English used by others. Just because the other person doesn't speak English the way we do, doesn't mean he/she is wrong or speaking incorrectly. Tolerance can be gained by exposure to speakers of a variety of Englishes but students must be taught to expect differences, accept them, and not be upset by them. (p. 4)

（私たちは他の人びとが使う英語にもっと寛容にならなければなりません。他の人が私たちと同じように話さないからといって、その人が悪いとか間違いということにはなりません。寛容な態度はいろいろな英語の話し手に慣れることで身につけることができますが、違いがあることを学び、それらを受容し、それらに心を乱されないようにする必要があります）

さらに、同書に掲載されている "English as an International Language: No Room for Linguistic Chauvinism" では、英語の国際化はアメリカ人やイギリス人と同じように話すことではなく、アメリカやイギリスの文化を模倣することでもなく、自分なりの言い方で自分の文化を表現するためにあることをはっきりと説明しています。

(3) When any language becomes international in character, it cannot be bound to any one culture .... A Japanese doesn't need an appreciation of a British lifestyle in order to use English in his business dealings with a

Malaysian. ... It is clear that in these situations there is no attempt for the user to be like a native speaker of English. English ... is the means of expression of the speaker's culture, not an imitation of the culture of Great Britain, the United States or any other native English speaking country. (pp. 7-8)

（どの言語も国際的性格を帯びると、1つの文化に縛られなくなります。日本人はイギリスの生活様式を知らなくても、マレーシア人と英語を使ってビジネスをすることができます。このような状況で、ネイティブ・スピーカーのまねをする人はいません。英語は話し手の文化を表現することばであり、イギリス、アメリカ、あるいは他のネイティブ・スピーカーの国の文化を模倣する手段ではありません）

　従来、英語教育では、言語と文化は一体なので、言語を学ぶならば、その文化も学ばなければならないとされていました。ですから、英語を獲得するためには、なるべくネイティブ・スピーカーと同じように話し、考え、行動するようになることがよしとされたのです。しかし、英語は国際言語になったということは、英語は英米文化と切り離すことが可能になったといえるのです。

　事実、日本人とベトナム人が出会い、英語でコミュニケーションをするときには、アメリカやイギリスの話をすることはないでしょう。日本人ならベトナムのことを聞き、ベトナム人は日本のことを聞くはずです。このために、話し手はまず、自分の文化を英語で説明することが求められます。これは英語学習できわめて重要な側面になっています。

　同時に、英語はいろいろな人びとが使う広域コミュニケーションのことば（language of wider communication）になっているわけですから、相手の文化に関心をもつことが大切になります。日本人がインド人と話すなら、インドの生活様式や行動規範に興味をもつ必要があるでしょう。インド人はインドの言語・文化・社会を反映させた英語を話すはずなのです。これは世界中の人びとにあてはまります。このことは、世界のノンネイティブ・スピーカーがお互いに英語を使うことで、ますます重要になっています。

　私たちが他の言語を学ぶ動機は、その母語話者との交流です。私たちが中国

語を学ぶのは中国人と話すためなのです。中国語でタイ人やエストニア人と話すことはまずありません。ところが、英語はこれとまったく違います。英語は多国間、多文化間コミュニケーションのことばになっています。カチュルとスミスの研究はこのような世界の英語状況を広く、かつ精密に分析し、新しい英語観の構築に大きな影響を与えました。

2.　WE の概念化

　以上の英語観が英語研究の観点として概念化されるのには、そう時間がかかりませんでした。私がスミス氏から伺った話によると、スミス氏とカチュル氏はお互いに連携して、英語は多様な言語であり、それぞれの変種（バラエティ）に優劣はないという英語観の確立と進展に努めました。両氏は 1978 年にそれぞれの勤務する大学（スミス氏はハワイ大学イーストウェストセンター、カチュル氏はイリノイ大学）で English as an International Language（EIL）を主題とする国際会議を開催し、お互いがゲスト・スピーカーとして基調講演をし、会議のディスカッションを学術書として出版しました。

　すなわち、Smith (ed.)（1981）と、Kachru (ed.)（1982）です。これらはまさに先見的な業績で、以後の研究の方向を定めるのに大きな役割をはたしました。それは 3 つの分野にまたがるものです。(1) アジア・アフリカで発達している新英語（New Englishes）の音声（音韻）、語彙、表現、シンタクスの記述と英語使用の機能にかかわる社会言語学的変異の研究、(2) 異変種間の相互理解を育成するストラテジー、(3) これらを広く英語教育に反映するための指針。そして、これに呼応するように、Pride (ed.)（1982）、Platt, Weber, and Ho（1984）、Foley (ed.)（1988）などの多くの研究書が出版され、多様な変種の研究が開花していきました。

　その後、両氏は 1984 年にイギリスの Pergamon 社より同社が発行する *World Language English* 誌の共同編集者就任の要請を受けました。ふたりはこの誌名を *World Englishes: Journal of English as an International and Intranational Language* に変更することを求めました。同社は最初、Englishes という複数形の使用に抵抗したそうですが、ふたりは世界の英語状況はこの複数形でしか表

せないと主張を変えませんでした。同社は Peter Strevens [4] らの意見を聞き、これに同意したことで、決着がつきました。

両氏は共同編集者として 1985 年に、新ジャーナル（通称 WE）を Volume 4, Number 2 として刊行しました。Volume 1 としなかったのは、本誌が旧誌の再生であることを表示したためです。新生 1 号の Editorial では、先のハワイとイリノイでの国際会議で議論されたテーマが要領よく示されています。さらに、新生 1 号がイギリスの英語学界の重鎮 Sir Randolph Quirk に献呈されていることも、興味深いでしょう。

事実、Quirk は "... notions such as English is the Englishman's gift and the language remains fundamentally 'ours', etc.. are parochial and naïve ..."（英語はイギリス人の権利で根本的に「我々のもの」などとする考えは偏狭で世間知らずのものです）(Smith 1983, p. 8) と述べています。以後、同誌は Pergamon 社から Wiley Blackwell 社に引き継がれ、2020 年には Vol. 39 までになっています。また、1992 年には、世界諸英語論の実証的、理論的研究の進展を目指して、国際世界諸英語学会（International Association of World Englishes, IAWE）が設立されています。

このように、世界諸英語の考え方が広まるなかで、啓蒙的な入門書として Jenkins (2000, 2009)、Kirkpatrick (2007)、さらには専門書として Kachru, Kachru, and Nelson (eds.) (2006)、Kirkpatrick (2010a)、Nelson, Proshina, and Davis (eds.) (2020) などのハンドブックが出版されました。これらには世界諸英語の理論、世界各国の英語、そして文献が広く収められています。また、専門誌も *WE* に加えて、*English World-Wide* (John Benjamins)、*English Today* (Cambridge University Press)、*Asian Englishes* (Routledge) [5] などが刊行されています。

3. アジア諸英語の世界

英語はいろいろな国の人びとと、相互理解のために使うことばです。現代英語で特に著しい現象は、非母語話者どうしが英語を使うということです。このケースは非母語話者と母語話者との出会いよりもずっと多いのです。そうなると、母語話者との交流を主要な目的とした英語学習と英語教育は、多くの場合

あまり現実的ではありません。このことは、アジア諸国ではっきりといえます。

　1980年代にマレーシアの英語事情と英語教育を分析したアイリン・ウォン（Irene Wong）は、同国の状況について次のように述べました（Wong 1982, p. 270）。

　　A distinctive variety of English had been emerging in Malaysia, used mainly on informal occasions ....When it became no longer possible (and even desirable) to conform as fully as possible to native-speaker English, this local variety of the language spread and developed more rapidly, supplemented by transfer features from the Malay, Chinese, and Indian speech communities in the country and reinforced by locally trained people in the same influential positions that Britishers once held. Malaysian English has now spread to the upper strata of society, especially on the colloquial level. Malaysians are now proud of their own individual brand of English and view it as one of the characteristics that mark one as being a Malaysian.

　　（マレーシアには独特の英語が発達しており、主にくつろいだ場面で使われます。ネイティブ・スピーカーの英語を完全に学習することが不可能となり、そして望ましいことでもなくなるにつれ、この地方変種はますます広まっていきました。それはマレーシアで話されるマレー語、中国語、そしてインド諸語の影響を受け、イギリス人に代わって要職についたマレーシア人によって強化されました。マレーシア英語は、特に話しことばのレベルになると、今や上流階級にも浸透しています。マレーシア人はこの独特の英語に誇りを感じ、自分がマレーシア人であることを示す特徴のひとつと考えるようになっています）

　事実、英語は国際的普及にともない、アジアのことばになっています。アジアには南アジア地域協力連合（SAARC、インドなど8カ国）と東南アジア諸国連合（ASEAN、マレーシアなど10カ国）に代表される巨大な経済協力圏が存在し、英語は両組織で唯一の公用語に制定されています。日本、中国、韓国もこれらの経済圏との協力関係を強めており、英語の役割はアジアに広く及んでいます。

また、アジアでは、人びとは英語を活用すると同時に、その音声、語彙、文法、意味、そして運用の面で、新しい次元を開発しています。私たちは英語をアジアの文化的状況のなかで使っているのです。このために、英語は脱英米化の傾向を帯びてきます。フィリピンの作家ヘミノ・アバッドは、"The English language is now ours. We have colonized it, too."（英語は今や私たちのことばです。私たちはそれを新地に移植したのです）（Bautista 1996, p. 170）という名言を残しました。

　さらに、英語はアジアで多文化化しています。アジアのさまざまな国の言語と文化が、それぞれの英語に反映されるのです。各国は独自の英語パターンが発達しているか、あるいは発達の途上にあるといえます。アジアで英語を使用するさいには、アメリカ文化やイギリス文化はあまり重要な役割をはたしません。このことは、世界の各地で同様にみられます。

　そこで、英語学習と英語教育で「文化」を扱うさいには、注意が必要になります。「英語の文化」は「アメリカの文化」や「イギリスの文化」ではありません。世界のすべての文化を指すのです。もちろん、そうかといって、それをすべて学ぶというわけにはいきません。いろいろな文化、コミュニケーションスタイル、言い方に興味をもつことが大切です。それが英語学習の進歩につながります。

　このような展開に合わせるかのように、アジア諸英語研究は 20 世紀後半から活発になっています。詳細は章末の参考文献を参照してください。以下では、アジアで広くみられる表現の例をあげます。日本人はアジア諸国の人びとと、ビジネス、地域協力、教育、観光などの分野で英語コミュニケーションの機会が増えているので、このような語法に慣れておくことが大切です。

（1）面子表現

　多様化の大きな要因は言語接触です。言語と言語が接触すると、それらは興味深い方法でさまざまに混じりあうものなのです。しかも、どの言語も他の言語と接触するので、純粋で、雑じり気のない言語という概念は、想像上の産物にすぎません。これは、英語をアジアの言語と考えると実にわかりやすい現象です。

アジア地域で広まっているいろいろな英語の構造は、アジア諸言語の影響を多大に受けています。その融合現象は語彙には容易にみてとれます。たとえば、面子です。面子（face）は中国語の影響を受け、respect（敬意）、pride（誇り）、honor（名誉）などを表す概念として、広くいきわたっています。

　一般英語は save (lose) face の言い方に限定されていますが、アジア英語の面子表現は実に多彩です。次はシンガポール・マレーシア英語から採集した例です。

　1. You failed again .... I don't know where to hide my face.（またしくじったの。もう、穴があったら入りたいよ）

　2. Why did you do that to me? I got no face now.（どうしてそんなことをしてくれたの。私の面子は丸潰れじゃないの）

　3. Since I don't know where to put my face in this company, I might as well leave and save what little face I have left.（会社のみんなに合わせる顔がないので、退職したほうがよいかも、このままでは面目丸潰れです）

　これらの語句はイギリス英語やアメリカ英語では使用されていませんが、けっして間違いなどではありません。これらはシンガポールやマレーシア社会で、なんらかのために有用であるならば、必ずそこに深く根付いていくでしょう。同じことは、他の国々についても、他の語句についてもいえます。

　もちろん、中国英語にも、面子の言い方は驚くほどたくさんあります。中国には、Just as a tree has a bark, so a human being has a face.（樹木に樹皮があるように、人間には顔がある）という諺があります。日本人も「私の顔を立ててください」などといいたいでしょう。中国人の言い方を聞いていると、Give me face. といっています。面子とはリスペクトのことなのです。

　これは日本人にも使いやすいでしょう。こういう言い方をすると、アジア人として英語を使っていることが実感できます。次の例は、日本のビジネスマンにとって参考になります。日中ビジネスコミュニケーションでは、日本語と中国語に加えて、英語が重要な仲介言語（intermediary language）になっています。

　4. I know your face is bigger than mine.（あなたの面子のほうが私の面子よりも重要なのはわかります。「でかいツラ」ではない）

　5. But please take my face into consideration, too.（しかし、私の面子も考えて

ください）

6. If I went back to Japan without this contract, I would become faceless in my company.（この契約なしに帰国すれば、私は会社で顔が立ちません）

7. Give me face, will you?（私の顔を立ててください）

このように、英語はアジアの土壌に根付き、アジア各国の文化を反映し、各国で独自の変種を発達させています。それらは、国内ビジネスはもとより、国際ビジネスにも幅広く使われます。アジアの人びとは母語と英語を話すバイリンガルで、当然のことながら英語のなかに母語の特徴が組み込まれることになります。

（2）繰り返し語法

アジアでは、繰り返し語法（syntactic reduplication）もポピュラーです [6]。これはアジアの諸言語にある用法が、英語のなかに組み込まれたものです。繰り返すことによって、副詞的な意味合いが付加されます。日本語の「少々」や「多々」、あるいは「清々」「晴れ晴れ」などに、その特徴がうかがわれます。シンガポールやマレーシアでは、こんな言い方によく出くわします。

1. Can we come together? Can can.（旅行者「家族と一緒に見ていただいていいですか」、入国審査官「もちろんけっこうです」）ここで興味深いのは、can の用法です。シンガポールやマレーシアでは、Can you speak English?/Can! のように、can が独立して使われます。否定形は Cannot. とか No can. です。同様のことは、Do you have Tiger beer?/Have!/Have not! のように、have にもいえます。

2. The group does different different things.（教師「実にいろいろなことをやります」）

3. Oh, the curry was hot hot.（店員「そのカレーはとても辛い」）a cold cold floor（冷え冷えする床）や black black night（真っ暗な夜）も同じ。

4. Play play, no money. Work work no leisure. Combination is better .（タクシーの運転手「遊んでばかりいると金が入らない。働いてばかりいるとひまがない。両立がベター」）

5. They choose choose choose choose choose, but no buy.（店員「（日本人のお客さんは）あれやこれやと品定めばかりして、ちっとも買ってくれない」）なお、

choose は「選ぶ」ではなく、「選ぼうとする」の意味で使われています。

6. I horned, I horned, but they didn't move.（タクシーの運転手「何度もホーンをならしたが、彼らは動かなかった」）horn は「警笛を鳴らす」という動詞の意味で使われています。

7. Joke joke only lah.（Tシャツ売り「単なるジョークだよ」）lah は後出。

8. I like pork very much, you know—morning pork, afternoon pork, evening pork, every meal pork pork pork pork.（学生「ポークが大好き。朝もポーク、昼のポーク、夜もポーク、毎食ポークばっかり」）

9. My father's diet is all meat meat meat meat meat. He died of a mild stroke.（学生「父の食事は肉だけ。軽い脳卒中で死にました」）日本語の「街は人、人、人……」と同じ。

また、アフリカ諸英語（African Englishes）で、They blamed him, they blamed him. と繰り返していうと、「彼らは何度も、厳しく彼を非難した」という意味になります。文化によっては、「何度も、激しく」のような直接的な言い方は礼儀に欠けるので、繰り返すことで言いにくいことを表現するのです。このような工夫は多くの言語でみられます。

このような語法は、アメリカ英語や一般英語で使われる win-win relation（両方とも勝利する関係）などとは、異なることに注意しましょう。win-win は、you win and I win. を省略したものです。アメリカ英語には、"lose-lose" situation（両方とも敗北を喫する状況）というのもあります。アジア・アフリカ諸国の英語にみられる繰り返し語法は、現地の言語の構造を反映したものです。そして、それは世界で広く理解されるでしょう。

注意すべきことに、シンガポールやマレーシアの学校で、こういった表現を教えているわけではありません。しかし、これらの国々では、英語は国内言語（intranational language）にもなっており、人びとは現地言語の用法を英語に持ち込み、独自の英語パターンを創造しています。それは彼らにとって使いやすい英語であり、シンガポール人（マレーシア人）らしさを表す英語なのです。

（3）位相変異
ところで、アメリカ英語やイギリス英語に地域方言や社会方言があるように、

シンガポールやマレーシアの英語、あるいは他のアジア諸英語にも多様な形式があります。これは位相変異（lectal variation）と呼ばれ、上位語（acrolect）、中位語（mesolect）、下位語（basilect）に区別されます。

この区別は、英語が使用される生活領域（register）を基礎にしてなされます。すなわち、上位語は、行政、立法、司法、外交、ビジネス、教育、宗教などのように、フォーマルで高度の生活次元と感じられる場面で使われる英語のパターンです。下位語は、ショッピングや雑談のように、インフォーマルで身近な日常生活と思われる場面で使われる英語です。中位語はその中間にある場面で使われます。

また、実際は、これに話し手の教育経験で培われる英語の知識と運用能力（knowledge and proficiency）が加わります。これにより、上位語は教育ある人の英語（edulect ともいう）で、世界の同じレベルの人の英語と文法が違うことはあまりありません。下位語は教育を十分に受けていない人の英語の特徴で、文法に多くの省略や逸脱がみられ、現地語の影響を強く受けています。その分、現地の香りがするともいえます [7]。

上位語
↓↑
中位語
↓↑
下位語

図1　アジア英語の位相変異

上であげた面子表現の構文は上位語か中位語、繰り返し語法は中位語か下位語の特徴といえます。なお、上位語の話し手は上位語、中位語、下位語を自由にあやつれるので、社会的状況や人間関係のなかで、この間を行ったり来たりできますが（図1参照）、下位語の話し手は下位語に縛られ、ときに中位語にシフトするくらいです。

シンガポール英語やマレーシア英語には、lah（la, lar, lor）、ah、hor のような虚辞（expletive）がたくさんあります。これは日本語の終助詞（「ね」「よ」「さ」）にあたり、口調を和らげたり、親近感を表したりします。Can we meet Wednesday? Wednesday no can. How about Thursday? Thursday can, lah.（木曜日は大丈夫よ）。Wait here. が命令文なのできつい言い方と感じれば、Wait here, lah.（ここで待っててね）として、口調を緩めます。日本人が I like sushi, ne. Oh, I like nabemono, yo. などというのと同じです。日本にいる外国人もこういった言い方をすることがあります。日本人の言語文化に同調していることを示すためでしょう。

もちろん、これらは現地語の転用で、中位語か下位語に分類されます。シンガポール人もマレーシア人もほとんど毎日これらを使っています。普段、仕事では上位語を使っている人でも、ちょっと気を抜いた場面では、これらが口に出ます。OK, lah.（いいですよ）、Tomorrow, lah.（明日だよ）といった具合です。

シンガポールでのこと。ある大学教授は私をゴルフに誘いましたが、私が躊躇していると、背中をポンとたたき、Go, lah.（行こうよ）といいました。It's your sendoff party, lah.（送別会だよ）いつも私には上位語しか話さない人なので、こんなふうにいわれて、なるほど lah はこう使うのかと納得しました。アジアの国の人びととおつきあいをするときには、彼らの英語に存在する下位語に注意する必要があります。そこにその変種の源泉があるからです。

ここで、アジア諸英語（Asian Englishes）について、若干の文献を紹介しておきます。本書ですでに言及したもの以外に、次のものが有益です。アジア英語全体については Kachru（2005）、インド英語については Gupta and Kapoor（1991）と Parasher（1991）、シンガポールとマレーシア英語については Tongue（1974）、Ling and Brown（2005）、Lim, Pakir, and Wee (eds.)（2010）、フィリピン英語については Bautista and Bolton (eds.)（2008）、中国英語については Xu（2010）、Pan（2005）、そして（アジアの一部になっている）ロシアの英語については Proshina and Eddy (eds.)（2016）などなどです。

4. 相互理解の問題

　私たちは従来、英語は国際コミュニケーションの共通語というとき、その共通語とは「同じもの」と思い込んでいました。しかし、よく考えてみると、多様な言い方が容認されなければ、共通語の機能をはたせません。だれもが、いつでも、どこでも同じように話すということは、不自然極まりないことでしょう。ですから、母語話者も非母語話者もまずお互いに、いろいろな英語の違いを認めあう、寛容な態度が求められるのです。

　英語の世界的普及はアメリカ英語やイギリス英語が世界に広まったことを意味するのではありません。ネイティブ・スピーカーの英語が世界の規範になったというわけではないのです。英語の世界的普及は世界諸英語という現象を引き起こしました。多文化英語の発生です（図2の矢印はそのことを指します）。

　英語の多文化化は以前にもまして、より複雑な相互理解の問題を引き起こすと想定されます。しかし、そうかといって、新しい規範的形式を求めることはできません。なぜならば、それはいろいろな英語の正当性の論理に反するからです。そこで、多文化英語の活用では、話し手どうしがそれぞれの違いを相互調整し、相互順応する能力が求められます。それはダイバーシティ・マネジメント能力と呼ぶことができるでしょう。

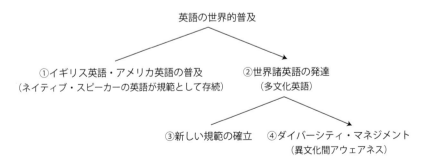

図2　世界諸英語とダイバーシティ・マネジメント

私たちはこのような見方を十分に理解して、異文化間理解とコミュニケーションにあたるべきでしょう。違いは、発音、語彙、文法、意味、そしてコミュニケーション・スタイルにまで及びます。Smith (ed.)（1981, 1987）は早くから、違いを超えた相互理解と相互順応の問題を意識し、この方面での研究と教育の重要性を強調しました。事実、現在の多文化共生社会で英語を学ぶ人びとにとって、これは今でも最もチャレンジングな課題になっています。

(1) 違いは脅威ではない

　人間はときに、違いを嫌うようです。違いは秩序、融和、そして相互理解を妨げると思いがちです。しかし、違いは、いたるところにあります。私たちは母語のなかでも、ひとつの、同じものについて、いろいろと違った言い方をしています。それでも、その違いを適切に処理しているのです。

　アメリカ英語とイギリス英語には、何百という違いがあります。しかし、大西洋をはさんで違いがあることは、当然のこととされています。このため、adhesive tape/sticking plaster（絆創膏）、bathrobe/dressing gown（バスローブ）、custom made/bespoke（あつらえの）、dead-end/cul-de-sac（行き止まり）、detour/diversion（う回路）（どちらも米 / 英）などと、多くの語句が英語の語彙のなかで共存しています。

　興味深いことに、アメリカ人とイギリス人がこれらの違いを解消し、統一しようとして、まじめな話し合いをしたことなど一度もないのです。人びとはこれらの違いとうまくつきあっており、言語習慣の一部として受け入れています。このことは、ことばのいろいろな違いについて、広くいえます。

(2) 異文化間リテラシー

　人間は多様な要素を自然に受け入れます。このような人間性は、英語学習・教育のなかでも強調されるべきです。違った言い方であっても、その意味を理解する、そしてお互いにその表現を受容するという訓練を大切にすべきです。これは異文化間リテラシー（intercultural literacy）とでも呼んでよいでしょう。実は、これこそ現在、地球上に出現しつつある、多文化共生社会の要諦なのです。

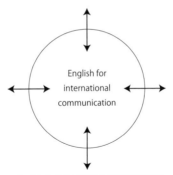

English for international communication

English for intranational communication

図3　遠心力と求心力

　異文化間リテラシーは、異文化間接触のさいに、各自がそれぞれの文化的メッセージを適切に伝達し、そして相手のそれを十分に理解する意思と能力を意味します。さらに、文化間の差違を互恵的に調整する能力も含みます。英語学習の一般的目標は、このような言語運用能力の獲得にあることはいうまでもありません。

　英語は遠心力傾向と求心力傾向の両方を持っています（図3参照）。英語をグループ内（English for Intranational Communication）だけで使用すれば、遠心力は強まり、独特の特徴が強調されるかもしれません。英語は自国のもうひとつの言語と考えるなら、自分たちだけで通じあえばそれでよいはずです。これはそのグループの意思として、尊重されるべきでしょう。しかし、世界の人びとは英語をグループ間の言語（English for International Communication）としても、だいじにしています。このような求心力が強まれば、お互いに理解しあうように、英語構造を融通しあうはずです。英語を国際的に使うとは、そういう相互調整を指すのです [8]。

（3）ことばの仕組みと働きを学ぶなかで

　多様性は、ことばの仕組みと働きを知るうえで、非常に重要なテーマのひとつです。どのことばにも、ひとつのことをいうのにいろいろな言い方があります。イギリスで始まった言語意識教育（teaching awareness of language）は、こ

とばの多様性に対する感受性と寛容な態度を育成することを目的としています。この分野で先駆的役割をはたした言語教育学者 E・ホーキンズ（Eric Hawkins 1915-2010）は、このことについて次のようにいっています（Hawkins 1987, p. 6）。

We are seeking to light fires of curiosity about the central human characteristic of language which will blaze throughout our pupils' lives. While combating linguistic complacency, we are seeking to arm our pupils against fear of the unknown which breeds prejudice and antagonism. Above all we want to make our pupils' contacts with language, both their own and that of their neighbors, richer and more interesting, simply more fun.

（私たちは人間の中心的特質であることばについての好奇心に火をつけます。その火は生徒の生涯を通じて燃えつづけるでしょう。私たちは自分のことばが一番よいとする偏見を排し、生徒に対して未知のものへの恐怖心と戦う術を授けます。このような恐怖心は偏見と反感を生み出すのです。私たちはとりわけ、生徒のことば（自分のものであれ、隣人のものであれ）との出会いをより豊かな、興味深い、そして楽しいものにしたいのです）

そして、ことばに対する寛容な態度を育成するのに、教育が重要な役割をはたすとして、こう述べています。Linguistic tolerance does not come naturally; it has to be learned and to be worked at. （Hawkins 1987, p. 17）（ことばに対する寛容な態度は、自然に生まれるものではありません。それには学習と訓練が必要です）

私たちは自分のことばが、いちばんすぐれていると思いがちです。これには linguistic complacency（言語的自己満足）という用語があるくらいです。この感情はおだやかではありません。他人に対する偏見や蔑視のもとにもなりかねません。私たちは、言語的自己中心観念（linguistic ego-centricity）を克服しなければならないのです。

異文化間リテラシーと言語意識教育の関係をまとめると、以下のようになります。文化の違いは、ことばの違いになって現れます。両者の関係を相補的にとらえるために、異文化間リテラシー教育は言語意識教育と密接に行われることが望まれます。ことばの違いに対処する能力は、文化の違いに対処する能力

異文化間リテラシー
(言語的文化的多様性のマネジメント)
↓
言語意識教育
(ことばの仕組みと働きを知る)
↓
ことばの多様性に対する感受性を高め、寛容な態度を育成する
(世界諸英語の運用で求められる相互適応の能力を促進する)

図4　異文化間リテラシーと言語意識教育の関係

につながるからです。

　私たちは世界諸英語論の考えを効果的に実践するためには、ことばの仕組み
と働きについて十分に知り、多様性をやりくりするコンピテンス(能力)を獲
得する必要があります。もちろん、これはそう簡単なことではありません。人
間はことばを使う動物ですが、意外にもことばの本質をあまりよく知りません。
そのために、いろいろな誤解が生じています。

　あの人の英語はきれいだとか、きたないとかいうのは、その一例です。こ
とばそのものに、きれいとかきたないという特質はまったくありません。こと
ばが正しいとか、正しくないというのも、同じです。ことばの乱れというのも、
そうです。これらはみな、ことばの多様性のなかで考えなければなりません。

　本書は他のすべての章で、言語意識教育の主題である「ことばの仕組みと働
き」にかかわる多くの重要な事象を説明しています。その中心は多様な英語の
意義をどうとらえ、多文化共生時代にそれをどう活用するかです。英語学習で
は、英語の構造研究に限定するのではなく、グローバルな多文化間コミュニ
ケーションで英語をどう使うかを学ぶ必要があるのです。

(4) English as a Lingua Franca

　このように、世界諸英語論の研究開発分野は、世界各地の英語変種の記述と
その社会的役割の考察から、多様な英語を話す人びとの相互理解とコミュニ

ケーションのストラテジーにまで及んでいます。最近、後者は English as a Lingua Franca（リンガフランカとしての英語、ELF）という概念で広範囲に研究されています[9]。

これは特に英語を母語としない人びと（すなわち英語の話し手の大多数をしめる人びと）どうしの英語コミュニケーションを事例として研究されています。Jenkins（2007）、Kirkpatrick（2010b）、Seidlhofer（2011）には、その課題が提示されています。また、*Journal of English as a Lingua Franca*（*JELF*）という専門誌も発刊されています（出版社 De Gruyter Mouton）。

基本的な課題は2つに集約されます。

①国際会議や異文化間コミュニケーションの場面で、さまざまな英語を話す人びとはどのようにして、お互いが理解できる英語パターンの協働構築（co-constructing English as a lingua franca）に努めているか。このストラテジーが明らかになれば、学校の英語教育や企業の英語コミュニケーション・トレーニングに応用されるでしょう。

②多くの人びとが使う英語のなかから、リンガフランカ英語（Lingua Franca English, LFE）とでも呼ぶべき独自の、しかも体系的な変種が存在するか。これが発見されれば、ネイティブ・スピーカーの英語を正しい英語の規範とする必要もなくなり、学習者は従来よりもずっと柔軟に英語に取り組むことができるでしょう。

ELF の研究では、英語変種よりも、相互作用、相互理解、相互順応、協働構築に力点がおかれています。これはとても重要なテーマで、上に挙げた文献では、非母語話者どうしの英語コミュニケーションにみられる相互理解のための協働作業について有意義な知見が集積されています。それと同時に、英語変種の研究ももっと掘り下げていかなければなりません。

世界の人びとは自国の言語文化のなかで英語を学習しているので、英語のなかにその主な特徴が顕著に、あるいは微妙に反映されます[10]。異文化間コミュニケーションでは、話し手は各自の英語を持ち寄ります。これで通じあえればなんの問題もありませんが、通じあいが困難に感じられるときには、ELF のストラテジーが求められるでしょう。

たとえば、フィリピン英語はフィリピン語（タガログ語）などの語句や表現

状況の変化

集団内コミュニケーション
National Varieties

集団間コミュニケーション
Lingua Franca Varieties

"International English, Please!"

X-English (i)
現地語の影響多

X-English (j)
現地語の影響少

図5　民族変種と English as a Lingua Franca

が、たくさん組み込まれています。フィリピン人どうしではこれでよいのですが、他の変種の話し手が加わると、意思疎通に支障をきたします。相手は行動変容の要請をノンバーバル、もしくはバーバルで伝えます。前者は困惑の表情などですが、後者は直截的な Sorry, I don't understand. から婉曲的な International English, please. などがあるでしょう（図5）。

　このような状況に応じた言い方の調整（現地語の影響を減らすなど）は、ELF 研究の成果の一例です。これは異なる変種を使う話し手どうしが、お互いにいつもやっていることです。ただし、どの項目を調整するかは相手しだいなのです。また、調整の項目は語彙の分野に多くみられますが、発音、文法、意味にも及びます。

　しかし、フレームファーストかメインファーストかといったプラグマティクスの自己調整や自己変容は簡単ではありません（第5章参照）。このため英語をリンガフランカとして使うにしても、上記で示した言語意識の訓練のなかで、ことばの多様性の仕組みと働きを徹底的に学ぶことが相互調整と相互順応を促すので、重要になります。

5. 世界諸英語と英語教育

　同時に、現代の世界諸英語状況に対応して、多くの国々で、英語教育のモデルに変化が生じています。少なくとも、英語教育の専門家は、変化の必要性を明示的に、あるいは暗示的に表明しています。たとえば、日本では長らく学校や大学で規範であったアメリカ英語スピーカーモデルに変化が生じています。

　アメリカ英語スピーカーモデルとは、以下にまとめることができます。すなわち、図6にあるように日本人学習者をアメリカ英語学習プログラムに入れ、アメリカ英語の話し手 [11] になることを期待するのです。そこでは、学習者はアメリカ人のように話せるようになればなるほど、高く評価されます。

インプット　⟹　プログラム　⟹　アウトプット
日本人学習者　　　アメリカ英語　　　アメリカ英語の話し手

図6　アメリカ英語の話し手モデル

　しかし、これまでみたとおり、このモデルは英語の現実に合っていません。これを修正し、ニホン英語スピーカーモデルを確立することが求められます。下図のニホン英語スピーカーモデルでは、日本人学習者はアメリカ英語を学習サンプルとして与えられますが、学習の過程でニホン英語 [12] の話し手になることが期待されます。

インプット　⟹　プログラム　⟹　アウトプット
日本人学習者　　　アメリカ英語　　　ニホン英語の話し手

図7　ニホン英語の話し手モデル

　もちろん、学習サンプルとしては、アメリカ英語にかぎらず、他の変種であってもかまいません。ただし、それが国際言語として理解され、受容される

ことが条件です。また、どのような適切な変種が与えられようとも、日本人学習者はニホン英語の話し手にならざるをえないのです。むしろ、どの変種を教育モデルにするかよりも、この学習成果を適切に評価するほうが重要です。

　日本人1億2000万人の大多数が英語を必修科目として10年から12年も学習するのですから、その労力と時間は集合的にみるととてつもなく膨大なものです。これを無駄にしてはならないのです。この努力に対して必ず成果があるはずです。日本人は英語学習で獲得した英語コミュニケーション能力を広く活用すべきなのです。

　それを可能にする方法は、日本人は通常、ニホン英語を話すのが当然であることをしっかりと認識することからはじまります。第8章で述べたように、日本人学習者をアメリカ英語の話し手にするのには魔法をかけるしかないのですが、そんな魔法は存在しません。しかし、日本人は自分たちが獲得した「英語」が世界の人びととのコミュニケーションで、大いに役立つことを知る必要があります。なにも、ネイティブ・スピーカーのように話さなければならないわけではないのです [13]。

　さて、現在、日本の英語教育は、アメリカ英語モデルからニホン英語モデルへと移行しはじめているようです。もちろん、この過程が完了するのには多年を要するでしょう。しかし、学生、教師、ビジネスピープルのあいだで、英語に対する態度がこの方向に変化しているように見受けられます。

　実際、高校生でも、学校で学習している日本式アクセントの英語に肯定的な意見を表明することもあるようです。あるオーストラリアの英語教育専門家は、日本人教師と母語話者である外国語指導助手（ALT）とのチームティーチングが行われている英語クラスを視察して、次のように述べています。

　　「私は英語の授業を何回か観察しました。……そして、オーストラリア人として、北アメリカの発音が正しい発音として教えられているのにびっくりしました。ある授業のあとで、私は生徒たちに話しかけました。そして、君たちはアメリカ出身のALTのように話したいか、それとも日本人の先生のように話したいかをたずねました。すると、なんと、彼らは全員間髪を入れず、日本人の先生のように話したいと答えたのです。もちろん、

このALTにおかしなことがあったわけではありません。ただ、日本人の
　　先生は見事な英語を話しましたが、それは紛れもなく日本式アクセントで
　　した」(Honna, Kirkpatrick, and Takeshita 2018, p. 68)

　実際、学習者や教師は英語を国際言語としてどう利用できるかを知るにつれ、
世界諸英語という概念を理解し、ニホン英語という変種について自信をもつよ
うになります。日本人はこれなら獲得できるのです。このことはたとえば、教
師のために開催される現代英語状況のセミナーなどの結果にもみられます。
　また、ビジネスピープルは英語の現実に向き合っているため、パラダイムシ
フトに大きな役割をはたすと期待されます。彼らはなによりも、世界のさまざ
まな英語変種が国際言語として使われていることを直に経験しているのです。
彼らは学校や企業の英語教育に少なからずフィードバックをもたらします。
　ある総合商社の元人事部長は、私に次のようにいいました。「日本の企業は
英語を母語としていない国々で膨大な利益を上げています。私たちは現地の人
びとを、彼らの話す英語で理解する必要があります」。ここに、ニホン英語は
他の多くの民族変種と同様に、自然な成果であるという考えが読み取れます。
　このように、英語は多文化言語でありながら国際コミュニケーションの言語
でもあることをはっきりと認識することで、アメリカ英語モデルからニホン英
語モデルへのパラダイムシフトを実現できると期待されます。これにより、日
本人はニホン英語を話すのがあたりまえであるという理解が、進むことでしょ
う。
　以上で、日本の英語教育の進むべき道を概観しました。しかし、これを実行
するための総合的な教案作成はまだ広く議論されていません。これから、多く
の教員が自由に、独自の実践をしながら、英語の現実に合った教え方と学習成
果の評価法を編み出す必要があります。そこで、現在の出発点で注意すべきこ
とは、次の2点でしょう。
　①発音、語彙、構文、文法など、英語の構造にかかわる基本要素は、従来ど
おりにしっかりと教える。
　②これに加えて、英語を使う練習をぐんと増やす。
　実は、英語教育では、②がきわめて重要です。本書の各章で触れているよう

に、英語学習とは「英語」ではなく、「英語を使う」能力を習得することです。日本の学校では、異文化間英語コミュニケーションの機会を準備することはなかなか困難ですが、ライティングやプレゼンテーション（スピーチ）の訓練は十分に可能です（第8章参照）。

　ここで大切なことは、その評価の基準（方法）です。このような英語自己表現活動では、コミュニケーションを重視すべきです。話し手や書き手は（学齢に応じて）思いや気持ちをうまく表現しているか、という観点がとてもだいじになります。すなわち、学習者の創造力、想像力、説明力、伝達力などをみるのです。

　スペル、語句、文法などが不十分であっても、コンテントのコメントのなかで、副次的に指摘するのがよいでしょう。英語の知識や実際的な運用力は、英語を使うなかで定着します。シンガポール英語やマレーシア英語は人びとがシンガポールやマレーシアの学校で英語を学び、それを社会で使うなかで発達したものなのです。

　そして、なによりも、ニホン英語の研究を深めなければなりません。ニホン英語とは、日本人学習者が基本的に中学・高校の6年間、大学の2〜4年間に学んだ結果として産出する平均的な英語パターンのことと定義できるでしょう。そのコーパスには、Today is tired. や That restaurant is delicious. などがあるでしょう。それらを世界諸英語論の観点から分析し、許容範囲を提示する必要があります。その詳細は本書のテーマを越えるので、別の機会に譲ります[14]。

　ところで、東京の営団地下鉄の駅や構内には、Find My Tokyo. という広告が目立ちます。同じように、園芸用品店で、Make My Garden. というのを見かけたことがあります。Did you come here in my car?（マイカーで来たの？）と聞かれて、びっくりした外国人もいます。「マイ」は英語由来の日本語[15]で、接頭語の役割をはたしていますが、これがそのまま英語に使われているのです。

　しかし、日本語の「マイ」は「自分の」の意味ですが、英語の「マイ」は「話し手の」のことです。そこで、マイを my として英語のなかで使うのには、your my-Tokyo、your my-garden、your my-car のように your をつけるなどの工夫が必要です。日本のマイナンバーカードも、Send us a copy of your my-number card. のようにすれば、何の問題もありません。

アフリカのガーナ英語（Ghanaian English）では恋人のことを my dear といいますが、I saw your my dear at the church. のように使っています [16]。アフリカの多くの国々では、人びとは学校で英語を学び、それを使いこなしています。だから、独創的な表現を造っても、それを英語の構造に合わせて使うことができるのです。日本人ももっと英語を書き、話す経験をすれば、英語の語感を体得できるはずです [17]。

おわりに

世界諸英語論（WE）は、現在の英語状況を最も適切に説明する理論です。今も昔も、これほどまでに複数形が似合うことばは、英語以外にありません。これは言語史で初めての現象です。その波紋は各方面に広まっています。私たちは言語（学）の既成概念を乗り越え、その論理的帰結を細部にいたるまで追究しなければなりません。

現代の多文化共生時代で、世界の異文化間コミュニケーションの多くは、多文化英語でなされます。English is a multicultural language for intercultural communication.（英語は多文化言語でありながら異文化間コミュニケーションの言語になっている）といわれる所以です。私たちは人間の多様性を尊重しながら、相互理解のなかで、この言語を十分に学習する必要があります。

■注
(1) イギリス人が移民として開拓したアメリカ、カナダ、オーストラリア、ニュージーランドなどの母語話者英語についても、類似のことがいえる。アメリカでは、Harold L. Mencken は 1919 年に、アメリカ人の英語のことを the American Language と呼んだ（Mencken 1957）。その 6 年後、George P. Krapp はそれを the English Language in America とし（Krapp 1925）、しばらくして最後に Albert H. Marckwardt はそれを American English として定着させた（Marckwardt 1958）。
(2) ここでは、auxiliary という用語が使われているが、著者によればこれは internal（国内の）、すなわち intranational のこと。著者は後に English as an international and intranational language（国際国内言語としての英語）と呼んだが、最後には English as an international

language に統一した。以下の引用では、著者の意思を汲んで、auxiliary を省いてある。

(3) 東南アジア教育大臣機構（Southeast Asian Ministers of Education Organization, SEAMEO）がシンガポールに設置する地域言語センター（Regional Language Center, RELC）が 1968 年から発行している英語教育専門誌。2018 年に 50 周年記念号を発刊。

(4) Strevens（1981, 1992）などで知られている。

(5) 本誌は日本人の発案で創刊され、第 1 号（1998 年）から第 15 号（2012 年）までは日本の出版社アルクに所属していた。現在はイギリスの Routledge 社より刊行されている。

(6) Ho（1998）には多くの興味深い例文が収録されている。

(7) Pakir（1991）は標準シンガポール英語（SSE）とシンガポール口語英語（SCE）を上下にとり、その間の特徴を formality cline と proficiency cline の観点から記述している。

(8) Kirkpatrick（2007, p. 82）はこの英語使用の二面性をアイデンティティとコミュニケーションと呼ぶ。

(9) lingua franca とはイタリア語起源で、十字軍の時代から 18 世紀にかけて東地中海で使われたイタリア語、ギリシャ語、アラビア語、フランス語、スペイン語などの混成言語のこと。これより、母語が異なる人びとのあいだで意思伝達のために使われる共通言語（common language）の意味になった。ただし、『オックスフォード新英英辞典』などによれば、その語源は Frankish tongue、すなわち 5 世紀から 10 世紀にかけてヨーロッパに興った「フランク王国のことば」という意味である。私はこの語源が気になり、英語をリンガフランカと呼ぶのをためらっていた。しかし、Seidlhofer（2011, p. 81）によれば、イタリア語の lingua は language、franca は free の意味とのこと。つまり、lingua franca とは free language（自由なことば）のことであり、私のためらいは解消した。

(10) ヨーロッパ人は examination の動詞形を examine よりも、examinate とする人が多い。たしかに、communication は communicate、negotiation は negotiate である。注意すべきことに、このような非母語話者の言い方には興味深いものがたくさんある。私が「明日横浜の中華街で食事します」というと、中国からの留学生が「先生、美味しんできてください」といった。日本人は「美味しむ」とはいわない。この留学生は「楽しい→楽しむ」の類推で、「美味しい→美味しむ」と一般化したのだろう。このような努力は尊重されるべきである。

(11) 本名 (2006), p. 154.

(12) 本名 (2006), p. 162.

(13) 以前のことだが、日本には英語を話すことに二律背反があった。「下手」なのに話すと、あんな下手くそな発音で、あんな程度の英語でよく話すなとさげすまれ、「上手」に話すと、なんて気障なやつと疎んじられた。英文学の教授で英語で授業や講演をする先生がいた。それは今と違って珍しいことだった。そして、日本語でしか授業をしない同僚に煙たがられていた。ある日、同僚がそのクラスをのぞいたところ、この先生は more big といっていたとのこと。すぐさま、「英語自慢の More Big」という話がキャンパスを駆けめぐった。多くの同僚はさぞ溜飲を下げたことだろう。

(14) ニホン英語の総合的な記述は徐々になされつつある。末延（2010）、日野（2010）、藤原（2014）、Hino（2009）、Ike（2012）などを参照。

(15) このような English in Japanese の問題については、Honna (2008), pp. 91-120 参照。

(16) Bokamba (1992), p. 137.

(17) ところで、Find My Tokyo は本来命令文のはず。これでは「私の東京を探しなさい」となり、無礼千万ではないか。もちろん、このコピーライターにそんな意図はないはず。多くの日本人もこのコピーに違和感をもっていないよう。この構文を To find my Tokyo（不定詞）とか Finding my Tokyo（動名詞）と勘違いし、「マイトーキョーを探す（こと）」と取っているようである。これを命令文とはっきり認識できないとは実に驚きである。英語を使う訓練がいかに重要であるかを示している。もっとも、国鉄（ＪＲの前身）が70年代に始めた Discover Japan は「日本を発見し、自分自身を再発見する」という意味だった。また、Drink Coca-Cola は「コカ・コーラを飲もうよ」となっていた。なお、横浜市は Find Your Yokohama. というキャンペーンをやっている。これならまともである。

■参考文献

末延岑生（2010）『ニホン英語は世界で通じる』平凡社

日野信行（2010）「国際言語としての Japanese English のモデルの構築」『英語展望』No.118, pp. 37-42.

藤原康弘（2014）『国際言語としての「日本英語」のコーパス研究』ひつじ書房

本名信行（2006）『英語はアジアを結ぶ』玉川大学出版部

Bautista, M. (1996). *English Is An Asian Language*. The Macquarie Library Pty Ltd.

Bautista, M. and Bolton K. (eds.) (2008). *Philippine English: Linguistic and Literary Perspectives*. Hong Kong University Press.

Bokamba, E. (1992). The Africanization of English. In Kachru (ed.) (1992), pp. 126-147.

Foley, J, (ed.) (1988). *New Englishes*. Singapore University Press.

Gupta, R. and Kapoor, K. (1991). *English in India*. Academic Foundation.

Hawkins, E. (1987). *Awareness of Language: An Introduction*. Cambridge University Press.

Hino, N. (2009). The teaching of English as an international language in Japan: An answer to the dilemma of indigenous values and global needs in the Expanding Circle. *AILA Review*, Vol. 22, pp. 103-119.

Ho, M. (1998). Forms and Functions of Reduplication in Colloquial Singapore English. *Asian Englishes,* Vol. 1, No. 2, pp. 5-16.

Honna, N. (2008). *English as a Multicultural Language in Asian Contexts: Issues and Ideas*. Kuroshio Publishers.

Honna, N. (2012). English as a multicultural lingua franca and intercultural accommodation. *Journal of English as a Lingua Franca*, Vol. 1, No. 1, pp. 191-198.

Honna, N. (2014). Commentary: World Englishes and cultural presuppositions. *Asian Englishes,* Vol. 16, No. 3, pp. 268-270.

Honna, N. (2016). English as a Multicultural Language in Asia and Its Pedagogical Implications: A Case Study of Japan's ELT. *Intercultural Communication Studies,* Vol. 25, No. 1, pp. 66-77.

Honna, N., Kirkpatrick, A. and Takeshita, Y. (2018). *Across Cultures.* Sanshusha.

Ike, S. (2012). Japanese English as a variety: Features and intelligibility of an emerging variety of English. A Ph.D. dissertation. (The University of Melbourne).

Jenkins, J. (2000). *The Phonology of English as an International Language.* Oxford University Press.

Jenkins, J. (2007). *English as a Lingua Franca: Attitude and Identity.* Oxford University Press.

Jenkins, J. (2009). *World Englishes: A Resource Book for Students.* Routledge.

Kachru, B. (1965). The Indianness in Indian English. *Word,* Vol. 21, No. 3, pp. 391-410.

Kachru, B. (1976). Models of English for the third world: White man's linguistic burden or language pragmatics? *TESOL Quarterly,* Vol. 10, No. 2, pp. 221-239.

Kachru, B. (ed.) (1982). *The Other Tongue: English across Cultures.* University of Illinois Press.

Kachru, B. (ed.) (1992). *The Other Tongue: English across Cultures.* (2nd ed.) University of Illinois Press .

Kachru, B. (2005). *Asian Englishes: Beyond the Canon.* Hong Kong University Press.

Kachru, Y. and Nelson, C. (2006). *World Englishes in Asian Contexts.* Hong Kong University Press.

Kachru, B., Kachru Y., and Nelson, C. (eds.) (2006). *The Handbook of World Englishes.* Blackwell Publishing.

Kirkpatrick, A. (2004). English as an Asian Lingua Franca: Implications for Research and Language Teaching. *Asian Englishes,* Vol. 6, No. 2, pp. 82-91.

Kirkpatrick, A. (2007). *World Englishes: Implications for International Communication and English Language Teaching.* Cambridge University Press.

Kirkpatrick, A. (ed.) (2010a). *The Routledge Handbook of World Englishes.* Routledge.

Kirkpatrick, A. (2010b). *English as a Lingua Franca in ASEAN: A Multilingual Model.* Hong Kong University Press.

Krapp, G. (1925). *The English Language in America.* The Century Co.

Lim, L., Pakir, A., and Wee L. (eds.) (2010). *English in Singapore: Modernity and Management.* National Singapore University Press.

Ling, L. and Brown, A. (2005). *English in Singapore.* McGraw-Hill Education.

LLamzon, T. (1969). *Standard Filipino English.* Ateneo University Press.

Marckwardt, A. (1958). *American English.* Oxford University Press.

Mencken, H. (1957). *The American Language.* Alfred A. Knopf.

Nelson, C., Proshina, Z. and Davis, D. (eds.) (2020). *The Handbook of World Englishes.* (2nd ed.) Wiley-Blackwell.

Pakir, A. (1991). Range and Depth of English -knowing Bilinguals in Singapore. *World Englishes,* Vol. 10, No. 2, pp. 167-179.

Pan, Z. (2005). *Linguistic and Cultural Identities in Chinese Varieties of English.* Peking University Press.

Parasher, S. (1991). *Indian English: Functions and Form.* Bahri Publications.

Platt, J., Weber, H. and Ho, M. (1984). *The New Englishes.* Routledge and Kagan Paul.

Pride, J. (ed.) (1982). *New Englishes.* Newbury House Publishers.

Proshina, Z. and Eddy, A. (eds.) (2016). *Russian English: History, Functions, and Features.* Cambridge University Press.

Seidlhofer, B. (2011). *Understanding English as a Lingua Franca.* Oxford University Press.

Smith, L. (ed.) (1981). *English for Cross-Cultural Communication.* St. Martin's Press.

Smith, L. (ed.) (1983). *Readings in English as an International Language.* Pergamon Press.

Smith, L. (ed.) (1987). *Discourse Across Cultures: Strategies in World Englishes.* Prentice Hall.

Stanlaw, J. (2004). *Japanese English: Language and Culture Contact.* Hong Kong University Press.

Strevens, P. (1981). Forms of English as an Analysis of the Variables. In Smith (ed.) (1981), pp. 1-14.

Strevens, P. (1992). English as an International Language. In Kachru (ed.) (1992), pp. 27-47.

Tongue, R. (1974). *The English of Singapore and Malaysia.* Eastern University Press.

Wong, I. (1982). Native Speaker English for the Third World Today? In Pride (ed.) (1982), pp. 261-286.

Xu, Z. (2010). *Chinese English: Features and Implications.* Open University of Hong Kong Press.

【著者】

本名信行（ほんな・のぶゆき）

青山学院大学名誉教授。一般社団法人グローバル・ビジネスコミュニケーション協会（GBCJ）代表理事。専門は社会言語学、国際コミュニケーション、世界諸英語など。日本「アジア英語」学会会長（2000–2009年）、国際異文化間コミュニケーション研究学会（IAICS）会長（2007–2009年）、中教審外国語専門委員（2003–2013年）などを歴任。

主な著書に『世界の英語を歩く』（集英社新書、2003年）、『英語はアジアを結ぶ』（玉川大学出版部、2006年）、『新アジア英語辞典』（共編著、三修社、2018年）など。

多文化共生時代に学ぶ英語

2022年9月20日　初版第1刷発行

著　者———本名信行
発行者———小原芳明
発行所———玉川大学出版部
〒194-8610 東京都町田市玉川学園 6-1-1
TEL 042-739-8935　FAX 042-739-8940
http://www.tamagawa.jp/up/
振替 00180-7-26665
装　丁———しまうまデザイン
印刷・製本—モリモト印刷株式会社